C.H.BECK WISSEN

Diese kompakte Einführung in die Welt des Produktdesigns informiert nicht nur über die Geschichte und formalen Ausprägungen der Objekte, sondern stellt auch wegweisende Hochschulen wie das Bauhaus oder die Hochschule für Gestaltung in Ulm sowie einflussreiche Designer wie Marcel Breuer, Margarete Schütte-Lihotzky, Charles und Ray Eames oder Jonathan Ive vor. Reflexionen über Entwurfsmethodik, Materialeinsatz, Produktionsweisen und Strukturen von Herstellerunternehmen runden den facettenreichen Band ab.

Melanie Kurz ist Professorin für Designtheorie und Designgeschichte am Fachbereich Gestaltung der FH Aachen. Sie ist Mitglied des Vorstands der Gesellschaft für Designgeschichte.

Thilo Schwer ist Professor für Designgeschichte und -theorie an der Hochschule der Bildenden Künste in Essen und leitet dort das Institut für Kunst- und Designwissenschaft. Er ist Mitglied des Vorstands der Gesellschaft für Designgeschichte.

Melanie Kurz/Thilo Schwer

GESCHICHTE DES DESIGNS

C.H.Beck

Mit 39 Abbildungen

Originalausgabe

www.chbeck.de
Satz: C.H.Beck.Media.Solutions, Nördlingen
Druck und Bindung: Druckerei C.H.Beck, Nördlingen
Reihengestaltung Umschlag: Uwe Göbel (Original 1995, mit Logo),
Marion Blomeyer (Überarbeitung 2018)
Umschlagabbildung: Serie Up, Design Gaetano Pesce für B&B Italia,
Foto: Klaus Zaugg (1969) – www.bebitalia.com (siehe S. 95 f.)
Printed in Germany
ISBN 978 3 406 78813 0

myclimate

klimaneutral produziert
www.chbeck.de/nachhaltig

Inhalt

Design: Begriff und Berufsbild

Seine sprachhistorischen Wurzeln hat der Begriff *Design* im lateinischen *designare*, woraus sich nach Zwischenschritten im Italienischen das Nomen *disegno* für *Zeichnung* bildet. Über die französische Sprache gelangt der Begriff ins Englische und entwickelt sich im 16. Jahrhundert schließlich zu *design*. Erst zu Beginn des 20. Jahrhunderts findet dieses Wort unverändert Eingang in den deutschen Sprachgebrauch. Ursprünglich als englische Übersetzung von *Gestalt* verwendet, steht es bald auch für die Formgebung von seriell hergestellten Erzeugnissen.

Trotz vielfältiger Bemühungen lässt sich später selbst unter Fachvertretern kaum Einigkeit darüber erzielen, wie *Design* zu definieren ist. 1969 schlägt der Präsident des International Council of Societies of Industrial Design (ICSID), Tomás Maldonado, auf der Generalversammlung des Rats in London folgende Begriffsbestimmung vor: «Produktdesign ist eine schöpferische Tätigkeit, deren Ziel es ist, die formalen Qualitäten von Objekten der industriellen Produktion zu bestimmen. Diese formalen Qualitäten umfassen nicht nur die äußerlichen Merkmale, sondern vor allem die strukturellen und funktionalen Beziehungen, die ein System zu einer untrennbaren Einheit machen, sowohl aus der Sicht des Erzeugers als auch aus der des Nutzers. Produktdesign erstreckt sich auf alle Aspekte der menschlichen Umwelt, die durch die industrielle Produktion bedingt sind.»

Demnach bedeutet Design im Zusammenhang mit einer Produktform vorrangig die Erzeugung von vernetzten Beziehungsgefügen. Zudem verankert Maldonados Definition den Begriff in der industriellen Fertigung. Obwohl infolge der Computertechnologie neue Herstellungsverfahren (beispielsweise das Rapid-Prototyping) zur tradierten Massenproduktion hinzutreten, die Einzelstücke oder Kleinserien ermöglichen, bleibt der entscheidende Unterschied von Design zu vorindustriellen Formschöpfungen als Definitionskern erhalten: die Trennung zwischen Entwurf und Fertigung.

Entwicklungen im Bereich der Arbeitsteilung gehen zwar schon in den Manufakturbetrieben vonstatten, dennoch ist es für ein umfassendes Verständnis des Designschaffens und unserer Produktkultur unverzichtbar, zwischen dem Industriezeitalter und allem, was davor liegt, klar zu differenzieren. Erst mit der Industrialisierung nämlich profiliert sich das Design als Berufsbild, führen neue Fertigungsmethoden, moderne Werkstoffe und Produkterfindungen zu einer eigenen Artefaktästhetik. Darüber hinaus verändert ein offenerer Zugang zum Konsum aufgrund massenhafter Warenverfügbarkeit das Verhältnis zu Objekten nachhaltig und auf breiter Ebene. Das heißt: Seit die überwiegende Mehrzahl der Produkte nicht mehr aus der Hand ihrer Entwerfer stammt, sondern mithilfe von Maschinen, Robotern und anderen Apparaten hergestellt wird, spielt die Relation zwischen Individuum und Produkt eine andere Rolle. Davon sind alle Beteiligten betroffen, egal ob sie als Betrachter, Nutzer, Produzenten oder Gestalter agieren. Letztere haben mit dem Eintritt in industrielle Arbeitsfelder stark erweiterte Kompetenzen vorzuweisen.

Designer treten im Kontext der Industrieproduktion nicht nur in den Dienst der Herstellerfirmen und geben dafür den Anspruch auf die Durchsetzung eines individuellen Formwillens preis. Als Teil von Arbeitsgemeinschaften benötigen sie zudem vermittelnd-kommunikative Fähigkeiten und die Bereitschaft zur Kooperation mit Angehörigen anderer Disziplinen wie Ingenieuren oder Logistik- und Vertriebsfachkräften. Ihnen wird außerdem soziale Verantwortung auferlegt. Sie müssen in der Lage sein, die mannigfaltigen Auswirkungen ihrer Entwürfe vorab einzuschätzen und prospektiv abzuwägen. Die Fragen, die sich hierzu ergeben, beschränken sich bei Weitem nicht nur auf das Geschmacksurteil späterer Produktkonsumenten oder institutioneller Kritiker. Vielmehr entsteht Design in komplexen Abhängigkeitsstrukturen zwischen Werkstoffauswahl, Herstellungsverfahren, Vertriebsmöglichkeiten, unternehmerischer Absicht, Nutzerbedürfnissen, wirtschaftlicher Ertragskraft, ökologischen Maßgaben, sozialer Auswirkung, Konsumgewohnheiten, kultureller Bedeutung, gesetzlichen Bestimmungen und vielem mehr. Durch die gesteigerten Anforderungen an das Berufsbild sowie die beständig wachsende Vielfalt an Gestaltungsaufgaben löst sich das Design als eigenständiges Fach vom Kunsthandwerk, der bildenden Kunst und der Architektur. Wendungen wie *angewandte Kunst* oder *Gebrauchskunst* verweisen auf das Kunstgewerbe einer Zeit, in der man die Formen von Gebrauchsgegenständen noch an denen der bildenden Kunst orientiert.

Sämtliche Designmuseen und -sammlungen namentlich mit dem Begriff *Design* zu versehen und von kunstgewerblichen Umschreibungen zu trennen, ist eine noch immer nicht vollständig erfüllte, aber wichtige Aufgabe. Längst und folgerichtig nämlich existiert neben der Kunstgeschichte die Designgeschichte als eigenständiges Fachgebiet, um mit spezifischen Konzepten, Arbeitsweisen und Theorien die Geschichte des Designs – im Fall dieses Buchs die Geschichte des Produktdesigns – zu rekonstruieren und Interessierten zugänglich zu machen. Von einer reinen Stilhistorie ist die Designgeschichtsschreibung dabei ebenso weit entfernt wie von der bloßen Beleuchtung einzelner Gestalterbiografien. Zu facettenreich sind dafür anderweitige Bedingtheiten, unter denen Design entsteht und besteht.

Industrielle Revolution: Massenfertigung und Beschleunigung

Mit dem Beginn der Industrialisierung bricht ein neues Zeitalter an. Der Wandel erfasst, ausgehend von der Warenproduktion, der Rohstoffgewinnung und dem Transportwesen, innerhalb weniger Dekaden sämtliche Bereiche des menschlichen Lebens. Von Nordengland verbreiten sich die neuen Mechanisierungsbestrebungen über Kontinentaleuropa, Nordamerika sowie Japan und verwandeln ehemalige Agrargesellschaften in Industrieökonomien.

Technologischer Startschuss für diese Entwicklung ist die Dampfmaschine, deren Erfindung meist allein James Watt zugeschrieben wird. Tatsächlich baut der Schotte mit seiner Idee auf einer Reihe an Vorgängermodellen auf, verbessert jedoch den Wirkungsgrad und die Zuverlässigkeit der bisherigen Dampfantriebstechniken entscheidend. 1769, rund zehn Jahre nach seiner ersten Beschäftigung mit den Methoden zur dampfbasierten Energieerzeugung, erhält Watt das Patent für seinen Entwurf einer einfachwirkenden Dampfmaschine. Es folgen weitere Modifikationen, bis die Maschine so wirtschaftlich ist, dass sie in sämtlichen Gewerben eingesetzt werden kann. Fortan ermöglicht sie die Erzeugung künstlicher Energie, womit Maschinen jeglicher Art ortsunabhängig betrieben werden können und Mechanisierung nicht mehr nur an den dafür günstigen Standorten, wie zum Beispiel an Wasserläufen, stattfinden kann.

Was nun beginnt, kann unter dem Begriff der Beschleunigung zusammengefasst werden. In einem Tempo wie nie zuvor vollziehen sich technologische, wirtschaftliche, soziale und nicht zuletzt ökologische Veränderungen. Sie gehen mit einer Vielzahl an positiven und negativen Auswirkungen für die Betroffenen einher. In England setzt die Industrialisierung rund fünf Jahrzehnte früher als in anderen Ländern ein. Dass man zuerst ausgerechnet im Norden der Insel, in der Gegend um Manchester, Maschinen zur beschleunigten Textilproduktion erfindet, ist kein Zufall. Fernab der Metropole London erhalten die in den Ballungsräumen von ganz Europa besonders streng ausgelegten Zunftregeln des Handwerks kaum Beachtung. Die somit gegebene Freiheit zur Anwendung neuer Fertigungsmethoden erlaubt es Tüftlern, das Feld der traditionellen Handwerkstechniken zu verlassen und in Zusammenarbeit mit Mechanikern (darunter Mühlenbauer, Schlosser, Uhrmacher) Maschinen zur Erleichterung, Optimierung und vor allem zur Produktivitätssteigerung ihrer Arbeit zu entwickeln. Es entstehen in mehreren Etappen zum Beispiel industrielle Spinnmaschinen, die nicht nur einen oder zwei Fäden gleichzeitig spinnen, sondern tausende Spindeln parallel betreiben können. Im Hinblick darauf schreibt der Soziologe und Volkswirt Werner Sombart in seiner 1902 erschienenen Analyse *Der moderne Kapitalismus:* «In qualitativer und vor allem in quantitativer Hinsicht steigert die Maschine das menschliche Können über das individuell erreichbare Maximum von Vollkommenheit hinaus.»

Auf dieser technischen Grundlage und unter der Voraussetzung neuer Gewerbeordnungen, die sich ab Anfang des 19. Jahrhunderts in Europa durchsetzen, werden aus Handwerkern schnell Industrieunternehmer, aus Werkstätten Fabriken. Das bedeutet eine Neuordnung der bis dahin bestehenden Verhältnisse auf mehreren Ebenen. So tritt die industrielle Massenfertigung als dritte Betriebsform zum traditionell arbeitenden, zünftisch geregelten Handwerk auf der einen Seite und dem großbetrieblich organisierten und teilmechanisiert produzierenden Manufakturwesen auf der anderen Seite. Die beiden älteren Unternehmensformen koexistieren zu diesem Zeitpunkt bereits seit mehreren Jahrhunderten und weichen in wesentlichen Punkten voneinander ab: Der Handwerksmeister und Werkstattbetreiber gilt als Universalist, ist er doch weit über die Warenfertigung hinaus in sämtliche Arbeitsschritte selbst eingebunden. In der Manufaktur hingegen herrscht Arbeitsteilung; ihr steht ein kapitalstarker Verleger vor, der die Spitze einer hierarchisch gegliederten Arbeitnehmerschaft bildet. Eine große

Zahl an Handwerksstätten ist nötig, um die Masse der gewöhnlichen Alltagswaren für die Mehrheit der Bevölkerung zu fertigen. Demgegenüber sind die wenigen zentralisiert arbeitenden Manufakturen dank Spezialisierung, Aufteilung der Herstellungsprozesse in Einzelabschnitte sowie Zuhilfenahme von mechanischen Vorrichtungen produktiver und präziser bei der Warenerzeugung. Ihre Feinwaren stellen keine Konkurrenz zu den einfachen Gebrauchsgegenständen aus den Handwerksstätten dar, denn die Manufakturen liefern ausschließlich Luxusgüter, die auf die zahlungskräftige Kundschaft zugeschnitten sind.

Angesichts des Umstands, dass die Fabriken die Arbeitsteilung, Produktivität sowie Warenqualität der Manufakturen übernehmen und steigern, könnte man schlussfolgern, Industriebetriebe wären Weiterentwicklungen des manufakturellen Verlegerwesens. Das trifft jedoch nicht zu. Es handelt sich bei den ersten Industrieunternehmen um Neugründungen, die von Handwerkern initiiert werden und sich nicht, wie die meisten Manufakturen (etwa zur Porzellanherstellung), im Besitz der Aristokratie befinden. Zwar entwickeln sich die Industriellen der ersten Stunde schnell zu Kapitalisten, doch unterscheidet sich der Typus des Fabrikgründers deutlich von dem des wohlhabenden adligen Manufakturbesitzers. Oftmals aus armen Verhältnissen stammend, entspricht der Fabrikgründer dem universalistischen Handwerker, der zunächst ohne ein finanzielles Polster auf sich selbst gestellt ist und von der Werkstoffbeschaffung über die Einrichtung der Produktionsprozesskette bis hin zum Warenabsatz alles aus eigener Kraft plant und leitet. Noch als Mitglied der sich neu strukturierenden Oberschicht ist er häufig in seinen Produktionshallen präsent und arbeitet nach dem Vorbild traditioneller Handwerksmeister bei Bedarf persönlich an praktischen Aufgaben mit.

Michael Thonet, Erfinder der Bugholztechnik, kann als Repräsentant der Fabrikgründergeneration angeführt werden. Seine ersten Experimente, Schichtholz mit handwerklichen Mitteln zu biegen, scheitern. Nach dem Konkurs seiner Werkstatt verlässt er Deutschland und wandert nach Österreich aus. Dort führt er seine Versuche aus Rationalisierungsgründen mit massivem Buchenholz fort, bis er schließlich durch Werkzeug- und Methodeninnovation zu einer industriellen Art der Möbelproduktion gelangt. Mit der Prägung eines universalistisch tätigen Handwerkermeisters schafft Thonet eine neue Fertigungsmethode, gestaltet damit herzustellende Produkte und plant den Maschinenpark der ersten Fabrik selbst. Sein Erfolg beginnt Mitte des 19. Jahrhunderts; 50 Jahre später werden in den Werkhallen des inzwischen Verstorbenen mit rund 6 000 Arbeitern und 20 Dampfmaschinen täglich 4 000 Möbelstücke erzeugt.

Solche Zahlen verdeutlichen: Die sich rasch verbreitenden Industriebetriebe setzen sowohl das Handwerk als auch die Manufakturen unter massiven Druck. Spätestens mit der zweiten Maschinengeneration fertigt die Fabrik nicht nur kostengünstiger, schneller und produktiver als die anderen beiden Betriebsformen, sondern auch qualitativ besser. Sie liefert massenweise Alltagsprodukte und dringt nach und nach auch in das Luxusgütersegment vor.

Schon früh nimmt die Dampfmaschine Einfluss auf Bergbau (Rohstoffgewinnung) und Verkehr (Dampflokomotive und Dampfschiffe). Doch markiert letztlich die Warenproduktion – genauer: das Textilgewerbe – den Beginn der industriellen Revolution. Weitere Branchen folgen, etwa die Landwirtschaft oder die Lebensmittelerzeugung, was insbesondere die industrialisierten Schlachthöfe von Chicago vor Augen führen. Neben neuen Maschinen zur Gütererzeugung veranlassen zahlreiche weitere technische Erfindungen einen Wandel der gesamten Arbeits- und Lebenswelt. Als Ära der Fabrikansiedelungen und Urbanisierung, der Ingenieure und einer gesamtgesellschaftlich getragenen Technikbegeisterung, der Entstehung neuer Berufsfelder und Erfindungen geht die zweite Hälfte des 19. Jahrhunderts unter der Bezeichnung «Gründerzeit» in die Geschichte ein. Thomas Alva Edison entwickelt sein Glühbirnenmodell, Carl Benz konstruiert das erste Automobil, die Firma I. M. Singer & Co. bringt eine seriell hergestellte Nähmaschine in den Handel, und Alexander Graham Bell führt das erste Ferngespräch per Telefon.

Die Formen der neuen Produkte sind technisch-praktischen Aspekten verpflichtet, das heißt, sie müssen sowohl produktionsgerecht als auch vertriebsfreundlich sein. Der Stuhl *Thonet Nr. 14* (Abb. 1) ist ein Gegenstand, der diesen Maßgaben vorbildlich folgt. Designhistorisch inzwischen zur Ikone und vor merkantilem Hintergrund zu einem der erfolgreichsten Stühle avanciert, wird das Möbelstück im Thonet-Katalog Ende der 1850er Jahre als «billige Consumsorte» angeboten. Sein niedriger Verkaufspreis und das geringe Gewicht sorgen dafür, dass der Stuhl vor allem in öffentlichen Bereichen wie Caféhäusern, Veranstaltungssälen und anderen Vergnügungsstätten genutzt wird. Seine Sitzfläche besteht aus Peddigrohrgewebe, sogenanntem *Wiener Geflecht*, und zeugt im Zusammenspiel mit den übrigen Teilen des Konstruktionsgerüsts von minimalem Materialeinsatz. In nicht montiertem Zustand passen 36 Stühle in einen Kubikmeter Raumvolumen, was der Logistik und dem Vertrieb des Massenartikels stark entgegenkommt und das Objekt zu einem Exportschlager macht. Transportiert wird es in sechs Einzelteilen, die nach Auslieferung miteinander verschraubt werden. Der Designhistoriker Gert Selle beschreibt diesen Stuhl als «frühes Leitprodukt des Maschinenzeitalters» und «sozial neutralisiertes» Objekt, das die moderne Lebensweise der neuen urbanen Angestelltenschaft verkörpere, deren Mobilität und Dynamik unterstreiche. Denn im Gegensatz zu schwereren gepolsterten Sitzmöbeln mit flächiger Rückenlehne ist das Modell *Nr. 14* nicht für langes Verweilen in körperlicher Entspannung geeignet und verlangt häufige Veränderungen der Sitzposition. In seiner elegant wirkenden Sachlichkeit entzieht sich der Entwurf einer symbolhaften Zuordnung zu einer bestimmten Gesellschaftsschicht, sodass er gut zur Anonymität in den rasant wachsenden Industriezentren passt.

Noch bevor industrielle Strukturen entstehen, sinkt die Sterblichkeitsrate und es kommt zu einem explosionsartigen Bevölkerungswachstum. Ursächlich dafür sind hauptsächlich juristische Veränderungen, verbesserte Landbewirtschaftungsmethoden und Fortschritte in der medizinischen Versorgung. Auf der Suche nach Arbeit strömen nach Gründung der Fabriken immer mehr

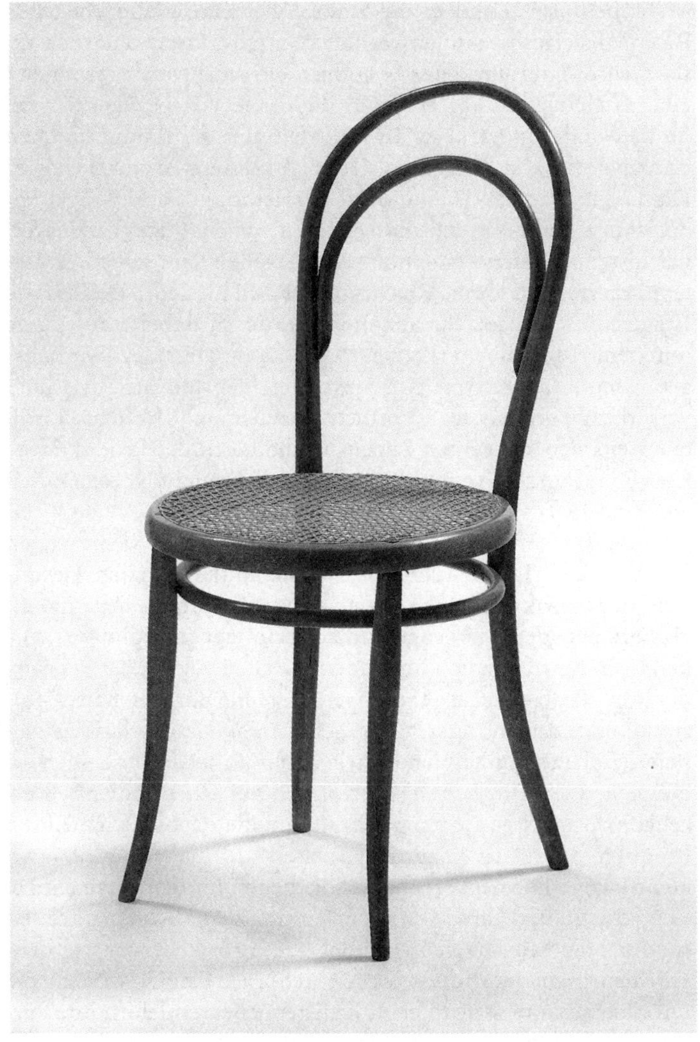

1 Michael Thonet: Bugholzstuhl *Modell Nr. 14*, 1851

Menschen vom Land in die Städte, wo teure Handarbeit aus Rationalisierungsgründen vermehrt durch Maschinenarbeit ersetzt wird. Fabrikarbeiter benötigen also nicht mehr zwingend eine Fachausbildung, weshalb Industriebetriebe Ungelernte, Frauen und Kinder beschäftigen, dadurch die Löhne drücken und eine ganze Bevölkerungsgruppe in bittere Armut zwingen. Die Folge: Das neu entstandene «Proletariat» (Karl Marx) leidet zum Großteil unter verheerenden Arbeits- und Lebensverhältnissen, während eine immer wohlhabendere, selbstbewusste Bürgerschicht ihren Reichtum zur Schau stellt. Die soziale Ungleichheit verursacht Spannungen, die in Arbeiteraufstände münden. Allmählich erkennen Angehörige aller Bevölkerungsgruppen die negativen Auswirkungen der Industrialisierung, was dazu veranlasst, Reformen einzuleiten. Mit diesen soll einerseits den schlechten Lebensbedingungen der Produktionskräfte und andererseits der Umweltverschmutzung abgeholfen werden.

Bis auf eine kleine Avantgarde betrachtet in der zweiten Hälfte des 19. Jahrhunderts kaum jemand die damalige Gestaltung der Fabrikwaren als ästhetischen Missstand – sie trifft den vorherrschenden Massengeschmack. Gefragt sind pompös wirkende, mit Ornamenten überladene Objekte, durch deren Besitz die zum «Protzenluxus» (Sombart) neigende Bürgerschaft Wohlstand und Zugehörigkeit zur gehobenen Gesellschaft zeigen kann (Abb. 2). Zunehmend stärker spezialisierte Maschinen ermöglichen es, sämtliche Dekorformen auf einen industriell erzeugten Gegenstand zu applizieren und die reich geschmückten Produkte zu relativ niedrigen Preisen anzubieten. Weil noch keine eigene Formensprache für die neuen Industrieerzeugnisse existiert, greifen ihre Gestalter – oftmals aus Künstlerkreisen stammende Musterzeichner oder die Fabrikbesitzer selbst – auf historische Vorbilder zurück (Abb. 3). Häufig werden die Ornamente unterschiedlichen Kunstepochen entlehnt, ihrer ursprünglichen symbolischen Bedeutung entkleidet und auf der Oberfläche von Alltagsgegenständen zu Collagen verschmolzen. Die neu ins Leben gerufenen Kunstgewerbemuseen dienen als Institutionen, die den Gestaltern von Fabrikerzeugnissen

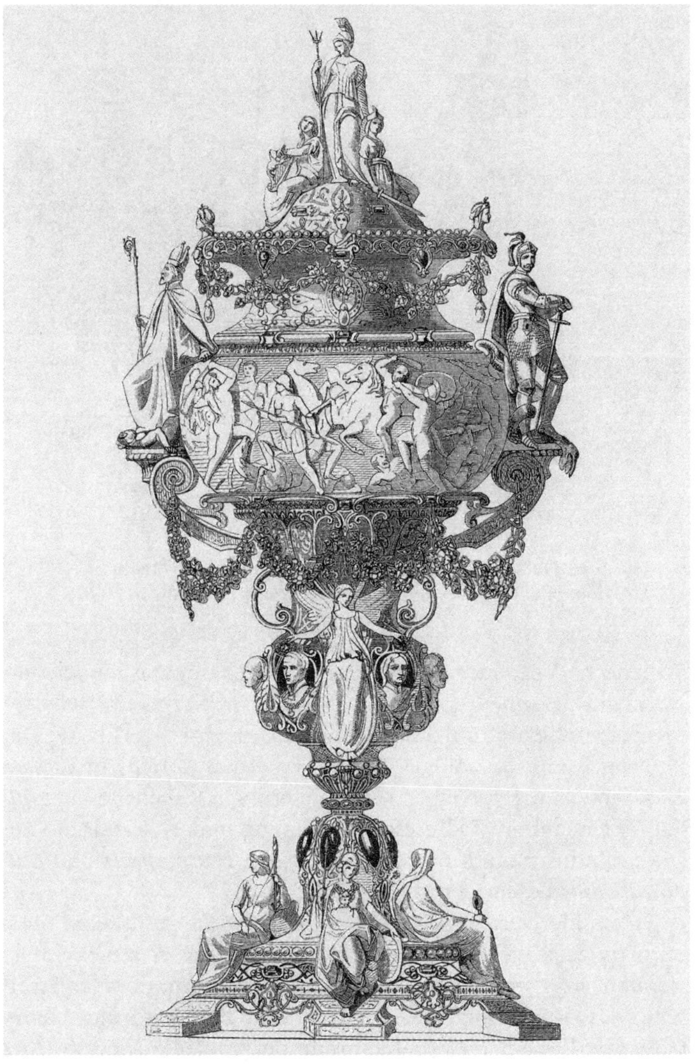

2 Historistische Vase, abgebildet im Katalog zur Weltausstellung von 1851

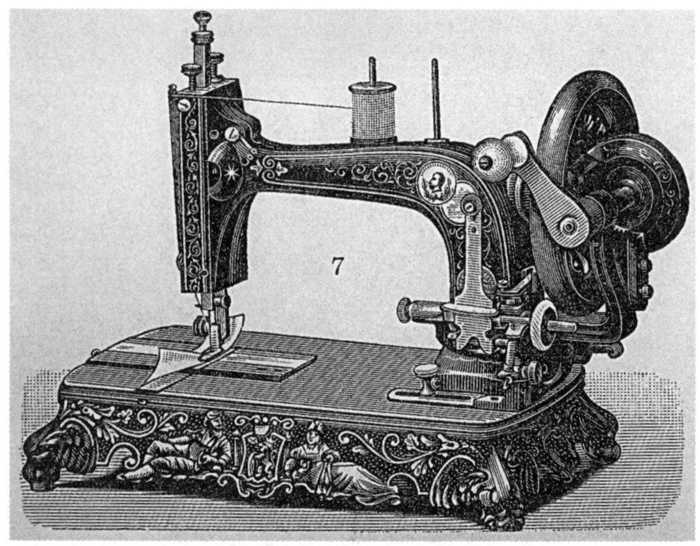

3 Nähmaschine der Firma Biesolt & Locke in Meißen, abgebildet im *Brockhaus' Konversations-Lexikon* von 1894

ästhetische Vorbilder liefern und die Nachahmung kunsthandwerklicher Formenrepertoires erleichtern. Nach Selle wird so «Kunstgeschichte zum Steinbruch für Designideen erklärt». Der Philosoph und Soziologe Jürgen Habermas spricht in diesem Zusammenhang von einer «Kostümierung in geliehene Identitäten». Gemeinhin wird diese Erscheinung in der Gestaltung der frühen Industriekultur mit den Begriffen *Historismus* und *Stilpluralismus* beschrieben.

Die minderwertige Ästhetik der historistisch gestalteten Massenware zeigt sich besonders deutlich auf der ersten Weltausstellung 1851 in London. Initiator dieses internationalen Kräftemessens ist der englische Staatsbeamte und Reformer Henry Cole, der Ende der 1840er Jahre in der noblen Society of Arts regelmäßig Ausstellungen zu Industrieerzeugnissen veranstaltet. Präsident der Gesellschaft ist Prinz Albert. Ihm schlägt Cole vor, zur Präsentation der Erzeugnisse britischer Industrieunternehmen eine nationale Ausstellung auszurichten. Die Idee findet zwar zunächst wenig Zuspruch, doch der Erfolg der Pariser Industrieausstellung von 1849 und Coles Hartnäckigkeit bringen den Gemahl von Königin Victoria schließlich dazu, sich für die große Londoner Schau auszusprechen. Im Kern geht es dabei von Anfang an um den Vergleich und die Bewertung der Fähigkeiten verschiedener Nationen – nicht zuletzt auf dem Gebiet der Gestaltung. Dazu werden mechanisiert hergestellte europäische Waren handwerklichen Erzeugnissen aus außereuropäischen Ländern gegenübergestellt. Die Frage, die Cole antreibt, lautet: Kann die methodisch fein ausdifferenzierte industrielle Produktion ästhetisch mit den auf schwerfällige und überholte Weise geschaffenen Handwerksprodukten östlicher Kulturen (zum Beispiel Stoffen aus Indien) mithalten? Das Ergebnis fällt geradezu vernichtend für die maschinell erzeugte Ornamentik und die mechanisierte Materialverarbeitung aus. Die *Times* publiziert noch im Ausstellungsjahr einen Artikel zum Thema «Allgemeine Verlogenheit in der Gestaltung», worin zu lesen ist: «Das Fehlen bestimmter Prinzipien in ornamentalen Entwürfen tritt überall in der Ausstellung zutage. Es scheint uns, daß die Kunstindustrie von ganz Europa tiefgehend demoralisiert ist.» Dieses Urteil spiegelt die Ansicht vieler Gestaltungsverständigen wider. Der Architekt und Kunsttheoretiker Gottfried Semper wertet die europäische Produktgestaltung im Nachgang der Ausstellung als «verworrenes Formgemisch oder kindische Tändelei». Und Cole lobt später einzig die Gestaltung der asiatischen Handwerkserzeugnisse sowie der US-amerikanischen Landmaschinen. Durch beide sei auf der Weltausstellung der Industrie Europas eine Lektion erteilt worden.

Lässt man die Kritik von grundsätzlich industriegegnerischen Stimmen außer Acht, gilt das Ausstellungsgebäude gemeinhin als Meisterleistung (Abb. 4). Der sogenannte *Kristallpalast* basiert auf den Plänen des vielseitig interessierten Botanikers und Landschaftsarchitekten Joseph Paxton und folgt einem streng modularen Aufbau aus industriell gefertigten Einzelteilen, die vorwiegend aus Gusseisen und Glas bestehen. Jedes Einzelteil muss sich mit industrieller Präzision in die Gesamtkonstruktion

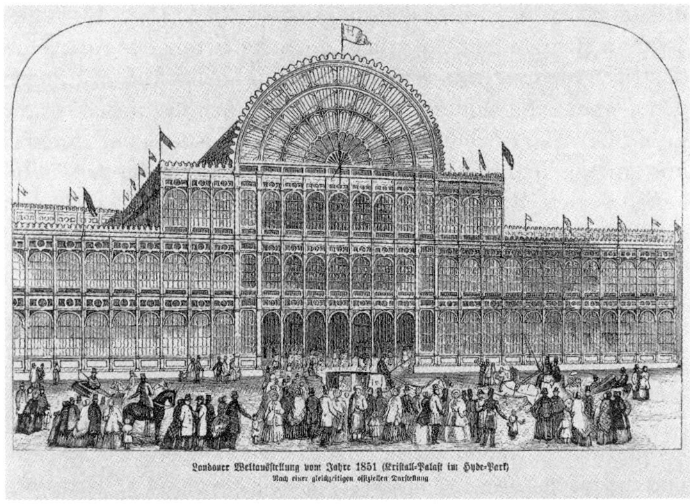

4 Kristallpalast, entworfen von Joseph Paxton und errichtet im Londoner Hyde Park, 1851

einfügen und ohne jegliche Toleranz den Vorgaben Paxtons folgen. Nur so gelingt es, den Bau innerhalb sehr kurzer Zeit – knapp 35 Wochen stehen dafür zur Verfügung – zu errichten. Mit seinen ausgedehnten Glasflächen und einem Gerüst aus Metallmodulen gleicht der Kristallpalast einem luftigen Gewächshaus. Die Gründe für die ungewöhnliche Materialwahl sind vor allem pragmatischer Art. Bevor man Paxton nämlich mit dem Entwurf für das Weltausstellungsgebäude beauftragt, verlieren die Veranstalter viel Zeit mit einem offenen Gestaltungswettbewerb und der darauffolgenden Berufung eines Architektenteams. Keine der beiden Maßnahmen liefert ein brauchbares Resultat und es wird immer schwieriger, ein Bauwerk in erforderlicher Größe zu planen, das in der noch verbleibenden Zeit bis zur Ausstellungseröffnung realisiert werden kann. Eine Herausforderung ist nicht nur der Bau selbst; zuvor muss eine ausreichende Menge an Baustoffen sicher verfügbar sein. Während dies bei Backsteinen 1851 noch unmöglich ist, begünstigen gleich zwei Faktoren Paxtons Idee, die Außenwände aus Glas zu realisieren: Kurz vor Baubeginn führt die Industrie ein Verfahren ein, das die schnelle und massenhafte Produktion großer Glasplatten in guter Qualität zu niedrigem Preis sichert; außerdem schafft die englische Regierung die Fenster- und Glassteuer ab. Unter diesen Voraussetzungen lässt sich innerhalb weniger Monate ein Bau mit fast 77 000 Quadratmetern Grundfläche errichten. Rund sechs Millionen Besucher werden während der Veranstaltung gezählt, was zum einen auf das immense Interesse an der internationalen Leistungsschau, zum anderen aber auch auf die Angebote des beginnenden Massentourismus zurückzuführen ist.

Die große Londoner Ausstellung ist also ein Publikumserfolg – und sie gibt Anlass zum Widerspruch gegen die damals vorherrschende Produktästhetik. Es zeichnet sich bereits seit Mitte des 19. Jahrhunderts ab, dass der Rückgriff auf historische Formzitate und das Aufpfropfen von Stilen vergangener Kunsthandwerksepochen keine Antwort auf die Frage geben können, welcher Gestaltung die neuen Maschinenerzeugnisse folgen sollen. Ungeachtet dieser Erkenntnis dominieren historistische Entwürfe das Design und die Architektur noch über Jahrzehnte.

Reformbewegungen: Für eine bessere Zukunft?

Die 1851 begonnene Reihe an Weltausstellungen erzeugt Wettbewerb zwischen den sich präsentierenden Ländern. Auf der internationalen Bühne konkurrieren jedoch nicht nur technische Errungenschaften. Um Prestige und Marktanteile zu gewinnen, achten die Nationen zusätzlich auf eine wirkungsvolle Inszenierung und die Profilierung regionaler Kompetenzen. Gesteigert wird der Wettstreit durch Preisverleihungen auf den Leistungsschauen sowie Berichte in der überregionalen Presse.

Dass es sich bei kritischen Artikeln oftmals nicht um ungerechtfertigte Kampagnen der Konkurrenz handelt und die Gründe für Tadel durchaus eingestanden werden müssen, veranschaulichen die Worte des deutschen Ingenieurs Franz Reuleaux 1877 in *Briefe aus Philadelphia*: «Als Quintessenz aller Angriffe tritt der Wahrspruch auf: Deutschlands Industrie hat das Grundprinzip ‹billig und schlecht›. […] Mangel an Geschmack im Kunstgewerblichen, Mangel an Fortschritt im rein Technischen.» Während die Innovationsarmut auf technischem Gebiet vor allem im Zusammenhang mit deutschen Erzeugnissen bemängelt wird, sind die ästhetischen Missstände – Stichwort Historismus – ein internationales Thema. Hinzu treten die negativen sozialen Auswirkungen der Fabrikproduktion, denn der eingeleitete Strukturwandel bringt katastrophale Arbeitsbedingungen und geringe Einkommen mit sich.

Für viele Arbeiter bedeutet die industrielle Revolution zunächst Armut und unwürdige Lebensverhältnisse in dunklen Quartieren dicht besiedelter Städte. Als weitere Probleme erweisen sich Umweltverschmutzung, der uniforme Charakter der Massengüter und die Flut an billigen Waren, die vor allem dem traditionellen Handwerk zusetzt. Grundlegende Reformen werden bemerkenswerterweise aber nicht von der leidenden

Arbeiterschaft eingeleitet, sondern seitens der profitierenden Bourgeoisie.

Designgeschichtlich bündeln sich die ersten Diskurse hierzu in der englischen *Arts and Crafts*-Bewegung. Sie setzt den unmenschlichen Anfängen der Industrialisierung das verklärte Bild eines mystischen und von Dombauhütten geprägten Mittelalters entgegen. Neue Inspiration erhofft man sich von allem, was vor dem Schaffen des Renaissancekünstlers Raffael liegt. Zu den glühenden Anhängern dieser Idee zählen John Ruskin und William Morris. Der Kunsthistoriker und Sozialphilosoph Ruskin gilt als programmatischer Kopf der Kunsthandwerksreformbewegung. In seinen Arbeiten reflektiert er verschiedene Kunstepochen und -stile, bewundert aber vor allem die Formgebung der nordischen Gotik, deren Rauheit er ebenso idealisiert wie die vermeintlich selbstbestimmte Arbeitsweise mittelalterlicher Handwerker. Die formale Orientierung an der Natur, die Wertschätzung der Arbeit durch Menschenhand mit all ihren Ungenauigkeiten und eine vielfältige, wie natürlich gewachsen erscheinende Ornamentik prägen für Ruskin den Charakter dieser Epoche. Mit seinen Büchern *Die sieben Leuchter der Architektur* und *Die Steine von Venedig* verschafft er sich Ansehen in den kunstbeflissenen höheren Kreisen der englischen Gesellschaft und liefert zudem die theoretische Grundlage für das Reformbestreben der *Arts and Crafts*-Bewegung. Er verurteilt zu Dekorzwecken angebrachte Stützen als «falsche Ausdrucksmittel» der Baukunst, ebenso das Imitieren von Materialien und Oberflächen sowie die Verwendung gegossener oder anderweitig von Maschinen erzeugter Ornamente. Ein weiterer Kritikpunkt Ruskins ist das Prinzip der Arbeitsteilung und die Forderung nach händischer Präzision in den Industriebetrieben. Im Kapitel «Der Leuchter des Lebens» seiner bekannten *Die Steine von Venedig* verdeutlicht er seine sozialphilosophische Auffassung: «Solange aber Menschen als Menschen arbeiten und mit Herz und Seele ihr äußerstes hingeben, solange zählt es nicht, daß sie möglicherweise ungeschickt arbeiten, es wird an dem, was sie behandelt haben ein gewisses Etwas sein, das nicht bezahlt werden kann [...].» Ruskins Studien zur Baukunst in

Venedig werden durch zahlreiche selbst erstellte Zeichnungen und Aquarelle illustriert. Letztlich kommt er zu dem Schluss, dass gerade die Natur der Unvollkommenheit händischer Arbeit dem Wesen und der Freiheit des Menschen entspreche – insbesondere, wenn das Arbeitsergebnis selbstverantwortlich erzeugt werde. In der Gesamtkomposition eines Bauwerks führe die Varianz auch bei sich wiederholenden Stilelementen zu einer lebendigen, dauerhaft reizvollen Anmutung. Konstruktionen aus seriell exakt nach Vorgaben gefertigten Industriemodulen wie Paxtons Kristallpalast empfindet Ruskin als monoton und lehnt sie als ästhetisches Übel kategorisch ab.

Ruskins Theorien üben großen Einfluss auf William Morris aus. Durch seine breit gestreuten Interessen und Tätigkeiten – als Politiker, Schriftsteller, Künstler, Kunsthandwerker, Unternehmer – entspricht Morris dem Bild eines universell tätigen Künstlers und Kunsthandwerkers. Im Gegensatz zum rein analysierenden und bewertenden Ruskin transformiert er seine Anschauungen in konkrete Entwürfe und Produktutopien. Zusammen mit Philip Webb plant und realisiert er das sogenannte *Red House* als Wohnhaus für seine Familie. Nichts daran und darin darf neuen Fertigungsverfahren entstammen. Aus traditionell gewonnenem rotem Ziegel gebaut, wirkt es durch die additive Konzeption wie ein über Jahre gewachsener Gebäudekomplex und symbolisiert so eine historische Dimension. Auf dem viktorianischen Markt findet der Bauherr keine passende Ausstattung für seine Vision zur Innenraumgestaltung. Darum beginnt er in Kooperation mit Webb und befreundeten Künstlern, selbst Tapeten und Möbel zu entwerfen und anzufertigen (Abb. 5). Aus dieser Zusammenarbeit geht 1861 die Firma Morris, Marshall, Faulkner & Co. hervor, die nach dem Vorbild mittelalterlicher Bauhütten in gemeinschaftlicher Tätigkeit Einrichtungsgegenstände herstellt. Im Unterschied zur industriellen Arbeitsteilung sollen hierbei alle Arbeitsschritte vom Entwurf bis zur Produktion aus einer Hand kommen.

Zentrales Entwurfsthema ist für Morris das neue Ornament, allerdings nicht mehr nur in schmückender Funktion. Vielmehr liegt der kunsthandwerklichen Warenproduktion und nicht zu-

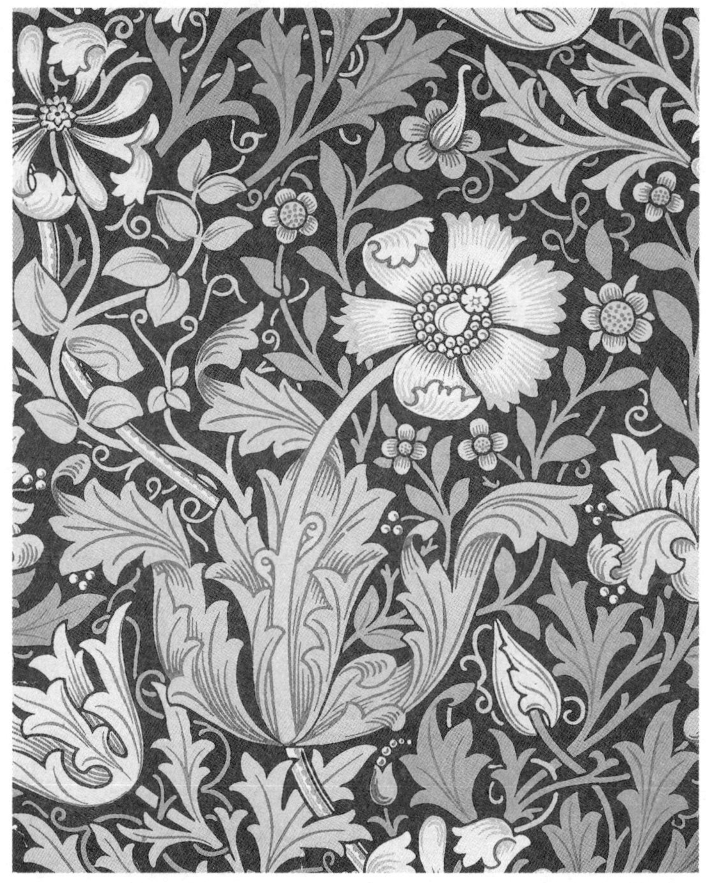

5 William Morris: Tapete *Compton*, 1896

letzt der Erzeugung des Ornaments gemäß Morris' utopischem Roman *Kunde von Nirgendwo* (1890) die Freude an der Arbeit zugrunde. Zudem stifte das Ornament eine Harmonie zwischen Kultur und Natur, wie der Designtheoretiker Heinz Hirdina den Morris'schen Ansatz deutet. Freilich gilt es zu vermeiden, dass die Räume genauso überladen werden wie jene der historistischen Gegenspieler. Daher möchte Morris florale Ornamente gestalterisch besonnen, im Zweifelsfall eher zurückhaltend einsetzen – sie sollen die Atmosphäre nicht dominieren. Ist etwa eine Blumentapete vorhanden oder hängen Bilder an der Wand, brauche es keine zusätzlichen Verzierungen der Möbelstücke. Erscheint die Umgebung hingegen neutral, können Sessel, Schränke oder Kommoden auch Ornamente aufweisen und so die besondere Verknüpfung von Zweckmäßigkeit, Ästhetik und Freude im Schaffensprozess vermitteln. In *Die niederen Künste* erklärt Morris die jeweilige Funktion des Ornaments mit Blick auf die Produktnutzer und die Warenproduzenten: «Den Leuten Freude an den Dingen einzuflößen, die sie durchaus brauchen müssen, ist der eine große Zweck der Dekoration; den Leuten Freude an den Dingen einzuflößen, die sie durchaus machen müssen, ist ihre andere Obliegenheit.» Ihm geht es also um eine ganzheitliche Gegenposition zur Industrialisierung, was er zusätzlich durch die Verwendung von Pflanzenfarben unterstreicht, um dem Problem der Umweltverschmutzung seitens der Färbebetriebe zu begegnen.

Doch werden nicht alle Ziele der *Arts and Crafts*-Bewegung erreicht; die sozialreformerischen Ambitionen scheitern sogar auf mehreren Ebenen: Erstens hebelt Morris selbst die Versöhnung von Kopf- und Handarbeit sowie die Gleichstellung der Produktfertigung mit der Entwurfstätigkeit aus, indem er Handwerker beschäftigt, die nicht selbst gestalten dürfen, sondern exakt nach seinen Entwurfsvorgaben produzieren müssen. Zweitens sollen die Reformobjekte für Gleichheit und ein besseres Leben für alle stehen, sind aber letztlich exklusive Luxuswaren für eine wohlhabende Käuferschicht, die sich damit gegen die Mehrheit der Bevölkerung noch stärker abzugrenzen und ihren Reichtum herauszustellen vermag. Trotz dieser Widersprüche prägt Morris die englische *Arts and Crafts*-Bewegung. Er erschafft vor dem Hintergrund seiner sozialistischen Ideen eine neue Art der Ornamentästhetik, die sich in seinen Buchentwürfen für die Kelmscott Press oder in Tapetenmustern zeigt. Zudem gibt er wichtige Impulse für nachfolgende Reformbewegungen in ganz Europa.

Um 1900 führt die Kritik auf sämtlichen Gebieten der Industriekultur zu vielfältigen Reformbemühungen, etwa in Bezug auf Ernährung, Pädagogik, Spiritualität oder Medizin. Die einzelnen Ansätze zu Alternativen fusionieren zu einer umfassenden Lebensreformbewegung, welche auch das Wohnen und den Siedlungsbau einschließt. Unternehmer wie Robert Owen möchten dem Elend der eintönigen, verschmutzten Industriemetropolen wie Manchester mit kleinen, über das Land verteilten Industriesiedlungen mit je circa 1 200 Einwohnern entgegentreten. Erfolgreicher als Owens Idee erweist sich allerdings das Konzept der Gartenstadt, das der englische Parlamentsstenograf Ebenezer Howard entwickelt und 1898 unter dem Titel *TO-MORROW. A Peaceful Path to Real Reform* erstmals veröffentlicht (Abb. 6). Land und Stadt seien wie zwei Magneten, die wegen ihrer jeweiligen Vorzüge wechselseitig Anziehungskraft auf die Bevölkerung ausüben. Um eine Synthese der Gegensätze zu erreichen, gelte es durch ein neues Stadtkonzept einen dritten Magneten zu schaffen, der «eine gesunde, natürliche und wirtschaftliche Vereinigung von Stadt und Landleben» herbeiführe.

Topografisch legt Howard die Gartenstadt konzentrisch an und arrangiert einzelne Siedlungsbestandteile wie Rathaus, Wohngebäude, Kultur- und Vergnügungsstätten oder Märkte ringförmig um einen zentralen Platz mit Gartenanlage. Umschlossen wird alles von einem landwirtschaftlichen Gürtel, der die Lebensmittelversorgung der Stadt gewährleisten soll. Die Infrastruktur ist damals mit dem Verkehrskonzept, der Nutzung von Elektrizität sowie der ortsnahen Verwendung von Abfällen auf dem neuesten technischen Stand. Als eigenständiges, genossenschaftlich organisiertes Wirtschaftssystem soll das Konstrukt gemeinnützige Interessen fördern, aber auch individuelle Initia-

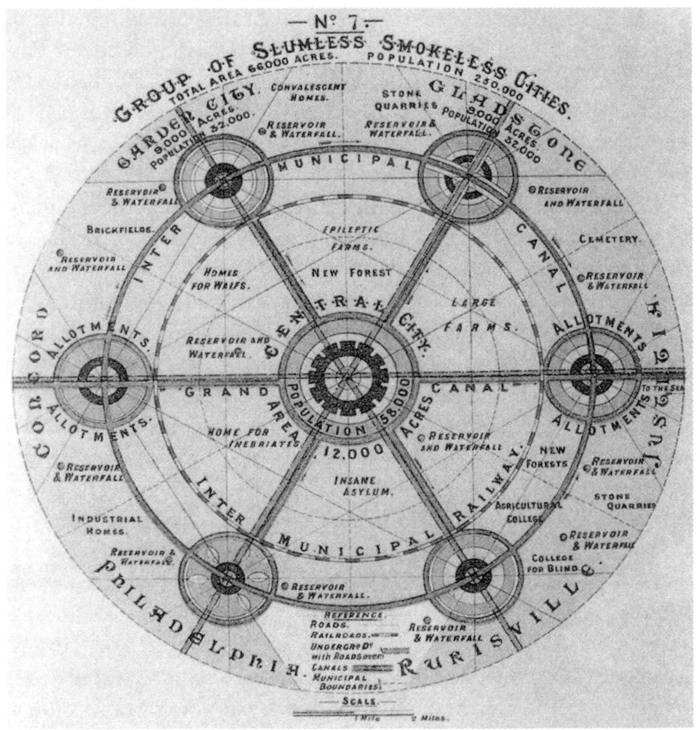

6 Ebenezer Howard: Konzept für eine *Garden City* mit mehreren ringförmig um eine Kernstadt angesiedelten Wohnstädten, 1902

tiven zulassen. Howards Pläne überzeugen noch heute durch die genaue Planung bis ins finanzielle Detail. Doch trotz des hohen Ausarbeitungsgrads wurden in England nur zwei Gartenstädte verwirklicht: Letchworth ab 1903 und das stärker urban geprägte Welwyn bei London ab 1920. Die um die Wende zum 20. Jahrhundert in vielerlei Hinsicht fortschrittlichen Dresdner Werkstätten Hellerau errichten 1909 für die Betriebsangehörigen die erste Gartenstadt Deutschlands nach englischem Vorbild. Weitere folgen.

Bei der Gestaltung von Gegenständen knüpft man ebenfalls

an die englischen Reformvorläufer an. Zunächst in München und Wien, später in anderen europäischen Kulturzentren wenden sich Künstlergruppen vom etablierten Kunstgewerbebetrieb ab. Nach und nach schließen sich Entwerfende auch in anderen Ländern, mit dem Ansinnen neue Wege zu gehen, zu Vereinigungen zusammen. Die Ergebnisse ordnen sich keiner einheitlichen Formensprache unter, ebenso wenig stimmen die Bezeichnungen überein. In Deutschland spricht man von Jugend-, in Wien von Secessionsstil, in Frankreich nennt sich das Neue Art Nouveau, in England Modern Style, in Katalonien ist von Modernisme und in Italien von Stile Liberty die Rede. Dennoch lassen sich formalästhetisch zwei Richtungen voneinander unterscheiden: Geometrische Strukturen dominieren die Einrichtungsgegenstände von Charles Rennie Mackintosh in Großbritannien oder die späteren Entwürfe Otto Wagners in Wien. Demgegenüber ist die organisch-dynamische Linienführung vor allem in Deutschland und Belgien zu sehen. Erste Ansätze für die neuartige Ornamentik dieser Richtung werden auf englische Druckgrafiken und Buchgestaltungen von Arthur Heygate Mackmurdo, zum Beispiel das Cover zu *Wren's City Churches* aus dem Jahr 1883 (Abb. 7), zurückgeführt. Hierauf sind die gegenständlich floralen Ornamente der *Arts and Crafts*-Bewegung zu langen, dynamisch bewegt erscheinenden Linien abstrahiert. Sie überziehen das Format rhythmisch asymmetrisch und erinnern an die typische Linie einer Peitsche kurz vor dem Hieb – lang gezogen und kurz gebogen. Die Bezeichnung als Peitschenhieb hat mit der Linienführung zu tun, die Hermann Obrist auf dem *Wandbehang mit Alpenveilchen* von 1895 anbringen lässt. Infolge der damaligen Japanbegeisterung und der Flächenaufteilung in der japanischen Malerei setzt die reformierte Grafik zudem spannungsvolle Anschnitte und prägende Weißräume in direktem Kontrast zu extrem feinen Detailzeichnungen ein. Exemplarisch hierfür seien die Illustrationen von Aubrey Vincent Beardsley in Oskar Wildes englischsprachiger Ausführung von *Salome* (1993) erwähnt.

Produktgestalter adaptieren die neuartig stilisierten Pflanzenornamente auf Gebrauchs- und Einrichtungsgegenständen

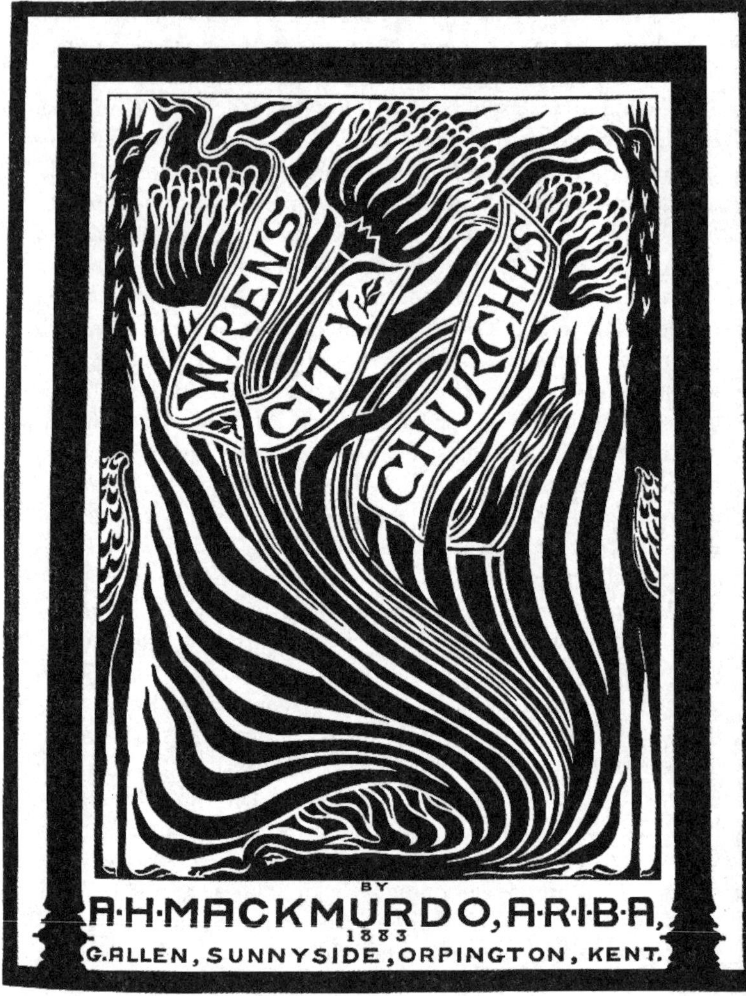

7 Buchdeckel von Arthur Heygate Mackmurdos *Wren's City Churches*, 1883

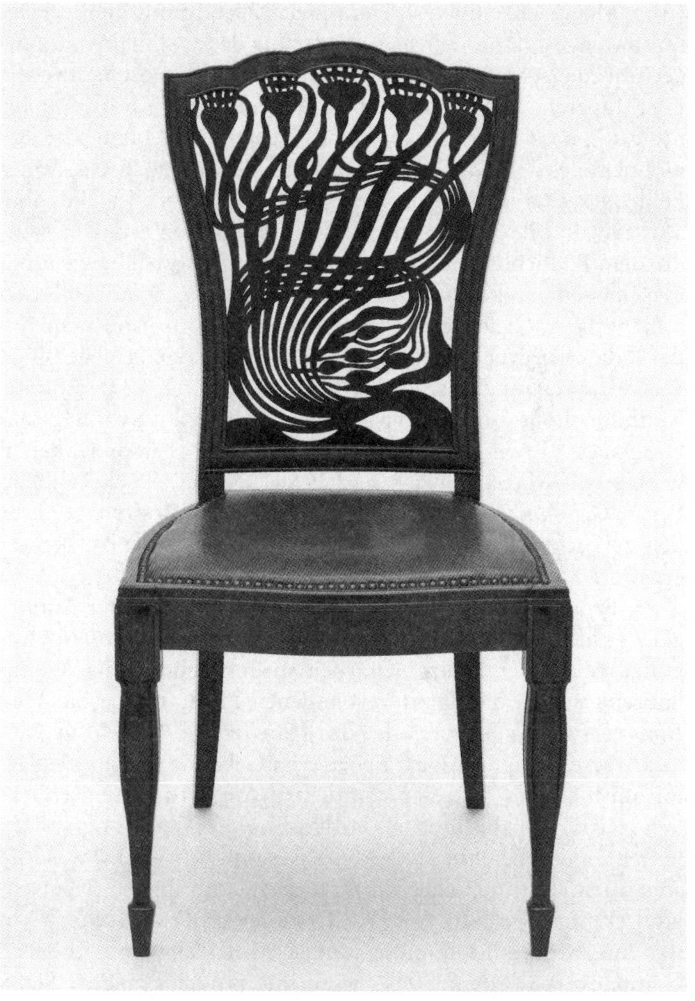

8 Arthur Heygate Mackmurdo:
Stuhlentwurf von 1881

(Abb. 8). Gleichzeitig verfolgen sie das Ziel, bis ins kleinste Detail durchgestaltete Lebensumfelder für das wohlhabende Bürgertum zu erschaffen – Häuser, bei denen von der Außenfassade über Tapeten, Vorhänge, Möbel, Leuchten und Türdrücker bis hin zu Trinkgläsern, Besteck und sogar der Kleidung der Bewohner alles dem Ideal eines harmonischen, möglichst aus einer Hand gestalteten Gesamtkunstwerks verpflichtet ist. Aus diesem Prinzip bildet sich eine erweiterte Form von Luxus heraus, die dem Bedürfnis nach sozialer Distinktion sowohl gegenüber den Massenwarekonsumenten als auch der konservativen Oberschicht dient. Gleichzeitig versprechen die Reformstile dem von der Industrie zurückgedrängten Kunsthandwerk eine neue Blüte. Das veranschaulicht 1899 die Gründung der Künstlerkolonie Mathildenhöhe auf Veranlassung des Großherzogs von Hessen-Darmstadt, Ernst Ludwig, mit prominenten Persönlichkeiten wie Joseph Maria Olbrich und Peter Behrens. Auch Wilhelm Ernst, Großherzog von Sachsen, folgt diesem Bestreben, als er den belgischen Künstler Henry van de Velde zu seinem Berater ernennt.

Zu Beginn seiner Arbeit ist van de Velde begeisterter Anhänger der handwerklichen Utopie und der *Arts and Crafts*-Bewegung, weshalb er Maschinenarbeit strikt ablehnt. Seine Wohnhäuser spiegeln die damit verbundenen Ideale wider: die *Villa Bloemenwerf* in Brüssel oder das Haus *Hohe Pappeln* in Weimar. Van de Velde entwirft neben dem Gebäude selbst jedes Detail im Inneren – von der kompletten Ausstattung (einschließlich Heizkörper) bis hin zur Garderobe seiner Frau. Dogmatisch haftet seine Arbeit am Leitbild des Gesamtkunstwerks, was ihm sogar den Spott mancher Karikaturisten einbringt. In Deutschland erlangt der extrovertierte Gestalter großes Ansehen. Mit der Ausstattung des Tabakwarenladens der Havanna Tobacco Company (1899) und des Friseursalons von François Haby (1901) gelingt ihm die Verschmelzung von Gebäude, Mobiliar und grafischer Wandornamentik (Abb. 9). Im Fall des Salons geht van de Velde noch einen weiteren Schritt und bindet technische Elemente wie Versorgungsleitungen in das Konzept des Gesamtkunstwerks ein. In seiner Autobiografie sieht er dieses

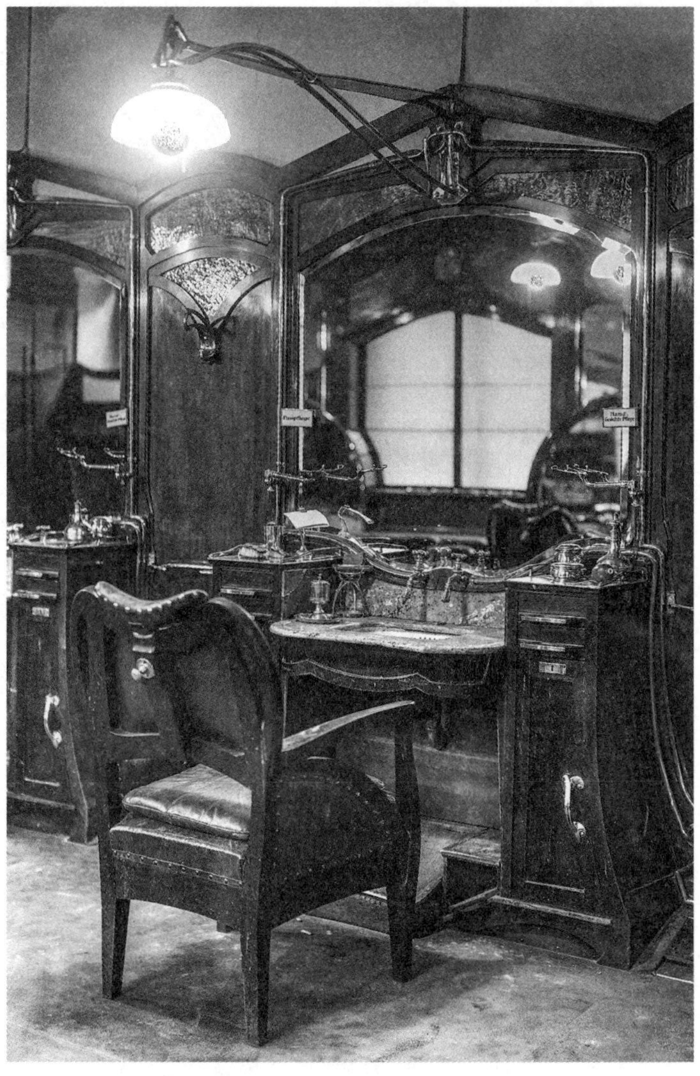

9 Frisierplatz in dem von Henry van de Velde umgestalteten Salon des Hoffriseurs Haby in Berlin, 1902

Vorgehen allerdings kritisch: «Bei Haby zeigte ich die technischen Einrichtungen, die Rohre und Schläuche der Wasser- und Gasleitungen ohne jede Verkleidung als einen meiner radikalsten Lösungsversuche. [...] Es bezeichnet einen extremen Punkt, von dem aus ich die Gefahren und Mißverständnisse überblicken konnte.» Die ungeschönt gezeigten Funktionsteile kommen van de Velde nachträglich wie ein Skelett vor. Die Hinwendung zum Zweckorientierten geht dem am Exklusiven und handwerklich Gefertigten interessierten Gestalter doch zu weit in Richtung Maschinenästhetik. Wie alle Reformer der *Arts and Crafts*- und der nachfolgenden Kunstgewerbebewegung hat er die Entwicklung eines neuen Stils auf Grundlage von Naturornamenten zur Überwindung historistischer Gestaltung im Sinn und strebt nach dem Gesamtkunstwerk, um die Ambivalenz der Zeit zu überwinden. Allerdings setzen die Erneuerer mit ihrer Arbeit an Ornamenten auf ein Element, das an sich der Vergangenheit angehört, im Widerspruch zu einer zweckmäßigen Maschinenform steht und außerdem tradierte Sozialstrukturen zu verfestigen hilft.

Die Reformbewegungen sind deshalb als Übergangsphänomene zu verstehen, weil sie erstens vielfach unerreichbare Utopien skizzieren. Zweitens ist der Rückgriff auf das Handwerk letztlich nur dazu geeignet, «dem schweinischen Luxus der Reichen zu dienen», anstatt der Mehrheit der Bevölkerung Zukunftsperspektiven zu bieten, wie der verbittert auf das Resultat seiner Arbeit blickende Morris formuliert. Schließlich markiert der Ausbruch des Ersten Weltkriegs 1914 das Ende der Jugendstilbewegung und anderer hauptsächlich ästhetisch fokussierter Bemühungen im Kunstgewerbe. Neue Ornamente und die Rückwendung zu vorindustriellen Fertigungsmethoden tragen offensichtlich nicht dazu bei, die drängenden aktuellen Probleme zu lösen.

An der Schwelle zum modernen Produktdesign

Der Weg in die gestalterische Moderne erweist sich als ein langwieriges und von Rückschlägen heimgesuchtes Unterfangen. Es sind weniger künstlerische Bestrebungen als vielmehr soziale und ökonomische Notwendigkeiten, die im Verbund mit einer Avantgarde aus Technik und Wissenschaft der Gestaltung eine neue Richtung geben. Viele Künstlerpersönlichkeiten treten Anfang des 20. Jahrhunderts eher als Widersacher von seriengerechter Formgebung und funktionsorientiertem Gestalten auf, weil sie dadurch eine Einschränkung ihrer künstlerischen Freiheit befürchten. Gleichwohl existieren Vorbilder für sachliche Gestaltung: etwa die formal zurückhaltenden deutschen Biedermeiermöbel in der ersten Hälfte des 19. Jahrhunderts, die ästhetisch streng erscheinenden Einrichtungsgegenstände des schottischen *Arts and Crafts*-Vertreters Charles Rennie Mackintosh oder die von geometrischen Grundformen und Schmucklosigkeit gekennzeichneten Objekte einiger Mitglieder der Wiener Secession.

Als frühes Beispiel für die Entwicklung und Anwendung funktionalistischer Gestaltungsprinzipien lassen sich die Leitsätze und darauf fußenden Alltagsprodukte der *Shaker* anführen (Abb. 10). Die US-amerikanische Religionsgemeinschaft besteht aus zölibatär lebenden Frauen und Männern, die über einen hohen Bildungsgrad verfügen und technischen Fortschritt befürworten. Ihre Erfindungskraft – die Entwicklung der Kreissäge wird ihnen zugeschrieben – und der Verkaufserfolg ihrer Erzeugnisse lassen die *Shaker*-Gemeinden im 19. Jahrhundert ökonomisch florieren. Sie präsentieren ihre Waren 1876 sogar auf der Weltausstellung in Philadelphia und sind vor allem für Möbelentwürfe bekannt, die keine sozialen Unterschiede anzeigen. In Faktoren wie Zweckmäßigkeit, Ordnung, Regelmäßigkeit, Materialgerechtigkeit und Gebrauchstauglichkeit sehen

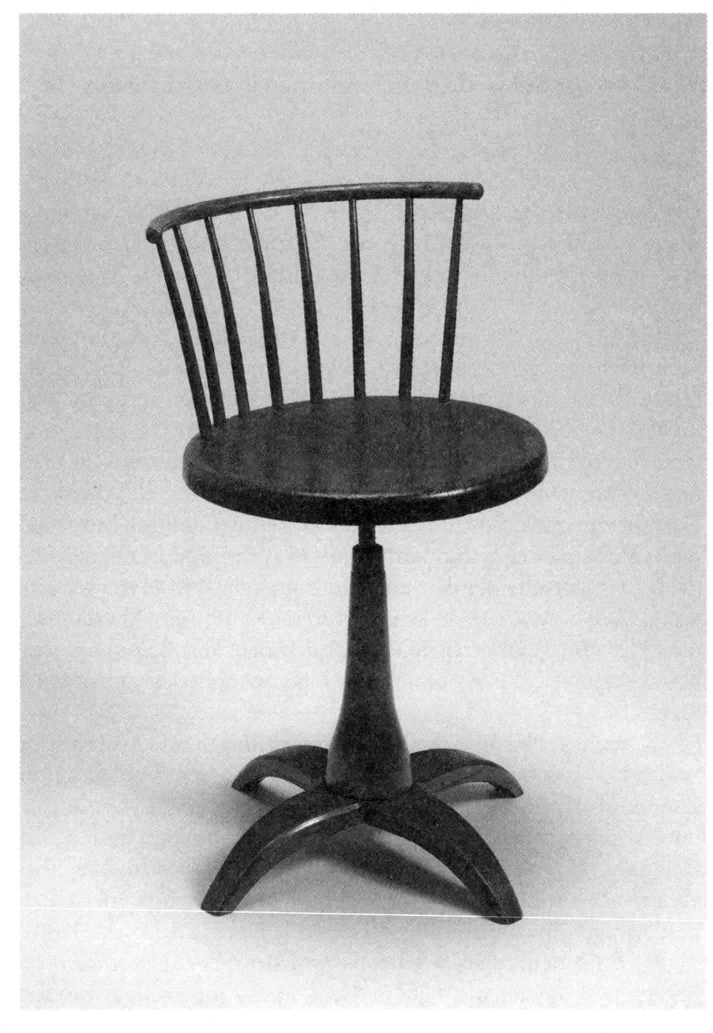

10 *Shaker*-Drehstuhl, Mount Lebanon, New York, 1840–1870

die *Shaker* wichtige Maßgaben für das daran zu knüpfende Geschmacksurteil. «Was in sich selbst den höchsten Gebrauchswert birgt, besitzt auch die größte Schönheit», lautet einer ihrer Leitsätze. Ein anderer besagt: «Schönheit beruht auf Zweckmäßigkeit.» Solche Gedanken fließen in nachfolgende Designtheorien ein und sind Ausgangspunkt für das funktionalistische Design im 20. Jahrhundert.

«Form follows function» wird zum Schlagwort des Funktionalismus. Als Direktive schreibt es vor, dass die Form eines Artefakts ausschließlich dessen technisch-praktischer Funktion folgen soll. Dabei hat sein Urheber, der US-amerikanische Architekt Louis Henry Sullivan, nicht unbedingt die Ablehnung von Ornamenten im Sinn, als er seine berühmte Wendung 1896 im Aufsatz *Das große Bürogebäude, künstlerisch betrachtet* formuliert. Denn Sullivan greift in den Jahren davor und danach immer wieder zu markantem Zierrat. Ihm geht es hauptsächlich um eine Begründung dafür, dass sich eine dreiteilige Fassadengliederung für Bürogebäude eignet und ein häufigerer Wechsel der Außengestaltung bei gleicher Funktion der jeweiligen Innenräume rational nicht nachvollziehbar ist: «Wo die Funktion sich nicht ändert, ändert sich auch die Form nicht.» Das heißt: Sullivan zielt in Anlehnung an die *Shaker* auf Ordnung, Regelmäßigkeit und die Reduktion formaler Komplexität, wenngleich viele seiner Praxisbeispiele dies kaum widerspiegeln oder sogar zu negieren scheinen. Zumindest in seinem Motto blitzt eine funktionalistische Gestaltungstheorie auf – ohne allerdings einen Anhaltspunkt dafür zu liefern, wie die Form genau beschaffen sein soll. Mit dekorativen Zusätzen darf sie nach Sullivans Ansicht durchaus versehen sein.

Als einer der ersten Kritiker am Ornament neuer Gebäude und großserieller Erzeugnisse tritt der Architekt und Kulturpublizist Adolf Loos auf. 1908 stellt er sich mit der Schrift *Ornament und Verbrechen* radikal gegen den industriellen Zierrat und konstatiert: «Evolution der Kultur ist gleichbedeutend mit dem Entfernen des Ornamentes aus dem Gebrauchsgegenstande.» Loos spricht von einer «Ornament-Seuche», die vor allem im deutschen Jugendstil und Wiener Secessionsstil um sich greife. Seiner Theorie nach ist das Ornament am industriellen Gebrauchsgegenstand ein Hindernis für das Fortschreiten der modernen Kultur. Mehr noch: Loos führt soziale, ökonomische und ökologische Argumente gegen Produktdekor an, bezeichnet es als schädlich für die produzierenden Arbeiter, den Ressourcenbestand und nicht zuletzt für die Volkswirtschaft. «Ornament ist vergeudete Arbeitskraft und dadurch vergeudete Gesundheit. [...] Heute bedeutet es aber auch vergeudetes Material und beides bedeutet vergeudetes Kapital.» Den verfrühten ästhetischen Verschleiß von ornamentierten Waren sieht Loos als ökologische Belastung. Er fordert: «Die Form eines Gegenstandes halte so lange, das heißt, sie sei so lange erträglich, so lange der Gegenstand physisch hält.» Die Gestalter von schnell wechselnden Ornamentmoden macht er für die ästhetische Entwertung von Produkten, kurze Gebrauchszyklen und die daraus resultierende Verschwendung von Werkstoffen verantwortlich.

Schon vor Loos äußert sich Hermann Muthesius in ganz ähnlicher Weise. Als Beamter im Preußischen Handelsministerium setzt er die Gestaltung von Produkten in Zusammenhang mit nationalökonomischen Interessen. Weil Deutschland Anfang des 20. Jahrhunderts große Probleme hat, seine Waren auf dem Weltmarkt abzusetzen, erhält Muthesius den Auftrag, die Kunstgewerbeschulen zu reformieren und auf diese Weise dafür zu sorgen, dass deutsche Produkte durch eine Veränderung ihrer Gestaltung auf dem Exportmarkt konkurrenzfähig werden. Dazu müssen sie vor allem nutzungsfreundlicher, nachhaltiger, international anschlussfähiger und visuell attraktiver werden. Billig sind sie schon, doch das allein reicht als Kaufargument nicht aus. Für Muthesius ist klar: Der Exporterfolg deutscher Produkte hat bei der Gestaltung anzusetzen. Er drängt auf Prinzipien wie Sachlichkeit, Sorgfalt, Typisierung und stemmt sich gegen die «Stilmätzchen» des Individualkünstlertums sowie die «Verkunstung» von Alltagsprodukten und anderen wirtschaftlich bedeutsamen Artefakten. 1907 legt er sich dafür mit dem Interessenverband des Kunstgewerbes an und steht 1914 im Zentrum eines der erbittertsten Streitfälle in der Designgeschichte. Die Rede ist vom sogenannten Typen- oder Werkbundstreit.

Als sich 1907 eine heterogene Gruppe aus Architekten, Künstlern, Industriellen, Publizisten, Kaufleuten und anderen zur Gründung des Deutschen Werkbunds zusammenfindet, liegt ihre Intention in der «Veredelung der gewerblichen Arbeit im Zusammenwirken von Kunst, Industrie und Handwerk». Kurz vor Ausbruch des Ersten Weltkriegs eröffnet die Vereinigung ihre erste Ausstellung in Köln. Angesichts der hierfür geschaffenen Werke wird sowohl Muthesius – Mitbegründer und Vizepräsident des Bunds – als auch der Öffentlichkeit bewusst, wie weit die Gestaltung in Deutschland noch von wirklich Neuem entfernt ist. Zu sehr steht die Mehrzahl der gezeigten Exponate im Zeichen von historistischen Formelementen oder einer organischen Ornamentierung, welche der künstlerischen Unikatkultur entstammt, teuer ist und mit der Lebenswelt der Durchschnittsbevölkerung kaum etwas zu tun hat. Auf der Mitgliederversammlung des Werkbunds möchte Muthesius deshalb ein Papier verabschieden lassen, in dem sich die Vereinigung zur Typisierung, also zum Entwerfen von standardisierten Produktmodellen für die maschinelle Serienproduktion, bekennt. Mit Blick auf das Design fordert er die «Überführung aus dem Individualistischen ins Typische».

Dem Bund gehören jedoch auch viele Künstler an, die im Dienst einer reichen Klientel arbeiten und sich nur ihrem eigenen künstlerischen Ausdruck und individuellen Formwillen verpflichtet sehen. Durch Muthesius' Vorstoß fühlen sie sich provoziert und initiieren unter der Leitung von Henry van de Velde eine heftige Gegenreaktion. Man fürchtet die «künstliche Vereinheitlichung der Arbeit» und legt in emotionsgeladenen Einwänden den Begriff der Typisierung sogar als ein «gefährliches Wort» aus. Das zeigt zwar Wirkung: Der Streit geht zugunsten der Gruppe um van de Velde aus, doch offenbart er deren Rückständigkeit gegenüber der zeitgenössischen Wissenschaft. Ein Debattenbeitrag des Chemie-Nobelpreisträgers Wilhelm Ostwald führt nicht nur vor Augen, wie methodische Typisierungsprozesse allgemein in der Wissenschaft ablaufen, sondern auch, wie schwerfällig und analytisch unerfahren man diesbezüglich auf dem Gebiet der Gestaltung agiert. Für Ostwald gehört das individualistische Schaffen im Auftrag einer Einzelperson der Vergangenheit an. Im 20. Jahrhundert habe die Arbeit des Gestalters «einen sozialen Charakter». Wie prophetisch seine Worte sind, wird deutlich, als der Erste Weltkrieg die materielle Not in großen Teilen der Bevölkerung verstärkt. Spätestens nach Kriegsende wenden sich viele Designer und Architekten dem Aufgabengebiet der Typenbildung zu, um mit ihren Entwürfen humanitären Notwendigkeiten gerecht zu werden.

Peter Behrens darf als Paradebeispiel für den Wandel vom Jugendstilkünstler zum modernen Industriedesigner angesehen werden. Es mag seiner Zugehörigkeit zur Darmstädter Künstlerkolonie auf der Mathildenhöhe und dem damit verbundenen Individualkünstlertum geschuldet sein, dass er sich im Werkbundstreit von 1914 dem Lager van de Veldes anschließt. Tatsächlich aber steht Behrens seit 1907 als künstlerischer Beirat im Dienst der AEG (Abb. 11). Um Turbinen, Elektromotoren und Ähnliches für den Investitionsgütermarkt sowie Glühbirnen, Wasserkessel oder Ventilatoren für Privathaushalte herzustellen, setzt der Elektrokonzern die neueste Fertigungstechnik ein. Beim Firmeneintritt Behrens' gehört die AEG zu den fortschrittlichsten Unternehmen. Dies mithilfe der Gestaltung von Printmedien nach außen zu kommunizieren, ist zunächst die Hauptaufgabe des Designers. Doch die AEG betraut ihn bald mit sämtlichen Gestaltungsaufgaben innerhalb des Konzerns. So entscheidet Behrens über das Produktdesign und die Gestaltung von Kommunikations- und Werbemitteln ebenso wie über die Definition von Leitlinien zur Warenpräsentation in Schaufenstern. Er entwirft Arbeiterwohnungen und die Architektur von Fertigungsstätten, beispielsweise die bekannte AEG-Turbinenhalle in Berlin (1909). Da das gesamte Erscheinungsbild des Unternehmens seinem gestalterischen Plan folgt, wird Behrens oft als erster Corporate-Identity-Designer und die AEG als Inhaberin der ersten CI weltweit bezeichnet. Im Hinblick auf das Produktdesign betont Behrens in seinem 1910 veröffentlichten Aufsatz *Kunst und Technik*, wie notwendig die Abkehr von kunsthandwerklichen Formen einerseits und die Hinwendung zur maschinengerechten Typenbildung andererseits seiner Über-

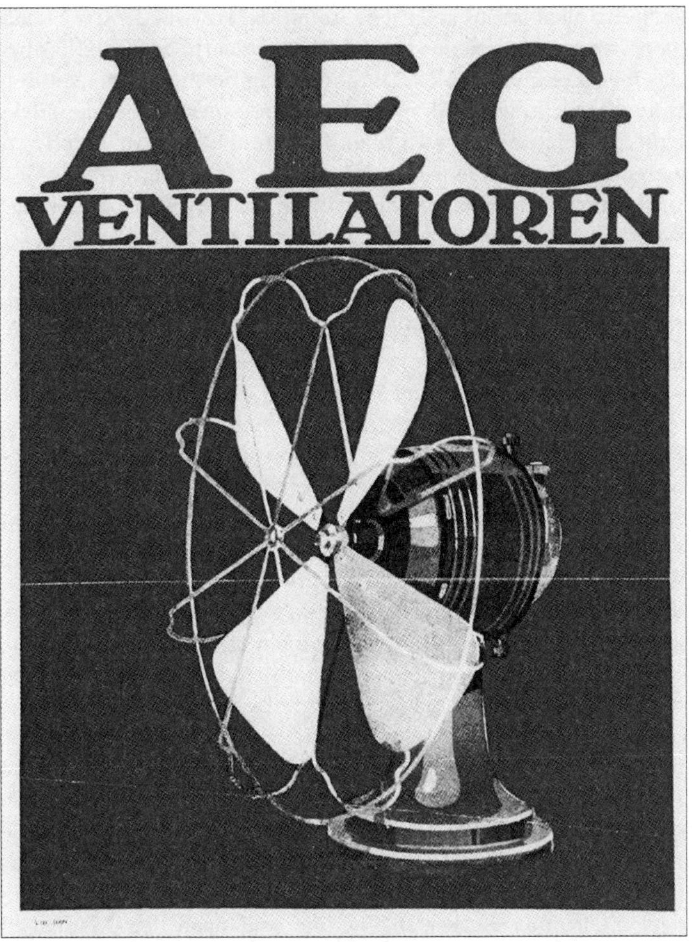

11 Peter Behrens: Prospektentwurf für Ventilatoren der AEG, um 1908

zeugung nach ist. Es soll «jede Imitation, sowohl die der Handwerksform wie auch der alten Stilformen vermieden, dafür aber das Gegenteil, die exakte Durchführung der maschinellen Herstellungsart, angewandt» werden. Denn «gerade bei der Elektrotechnik handelt es sich nicht darum, die Formen durch verzierende Zutaten äußerlich zu verschleiern, sondern weil ihr ein vollkommen neues Wesen innewohnt, die Formen zu finden, die ihren neuen Charakter treffen».

Für die Entwicklung des Industriedesigns ist ein weiterer Protagonist von besonderer Bedeutung: Richard Riemerschmid. 1898 erhält er von den Vereinigten Werkstätten für Kunst im Handwerk in München den Auftrag, ein Musikzimmer zu gestalten. Hierfür entwirft er einen Stuhl, der frei von Ornamenten das Jugendstilthema der organischen Linienführung in die Konstruktion übersetzt und über eine außergewöhnliche Diagonalstrebe zwischen dem jeweils unteren Ende der vorderen Stuhlbeine und der Rückenlehne verfügt. Mit diesem Produkt deuten sich weitere Entwicklungen an – und zwar in Dresden. Einer infolge der industriellen Entwicklung schnell wachsenden Stadt, in der die Deutschen Werkstätten für Handwerkskunst als prosperierendes Unternehmen die Transformation der Möbelproduktion vom Handwerk zur maschinellen Fertigung vorantreiben (Abb. 12). Riemerschmid wirkt an der Gestaltung der *Gartenstadt Hellerau* mit und setzt sich im Rahmen der Typenhäuser *Am Grünen Zipfel* mit den Wohnbedürfnissen von Arbeiterfamilien auseinander. Die dabei erlangten Erfahrungen münden im sogenannten *Maschinenmöbelprogramm* für die *Dritte Deutsche Kunstgewerbeausstellung* in Dresden 1906. Das Programm besteht aus drei Einrichtungslösungen für verschiedene Einkommensgruppen. Sie alle sind nach den Maßgaben der industriellen Fertigung gestaltet und demontierbar, damit bestmöglich für den Transport geeignet. Durch seine Entwurfsarbeit an bezahlbaren und qualitativ hochwertigen Einrichtungsgegenständen mittels industrieller Fertigung entwickelt sich Riemerschmid zur Leitfigur des modernen Möbeldesigns.

Ungeachtet der kontinuierlichen Erfolge im Bereich der Typisierung hegt man unter Künstlern die Wunschvorstellung vom

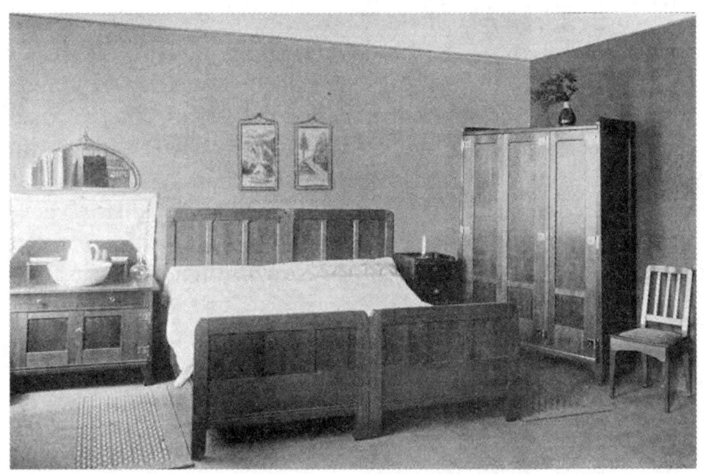

12 Richard Riemerschmid: *Maschinenmöbel* für die Deutschen Werkstätten für Handwerkskunst, vorgestellt im Warenkatalog von 1906

unabhängigen Formschöpfer, der in einer Unikate produzierenden Werkstatt tätig ist, noch mindestens bis in die erste Phase des Bauhauses hinein. Dabei führt der Erste Weltkrieg schon ab 1914 zu einem tiefen Einschnitt: Die Übertragung industrieller Herangehensweisen und Größenordnungen auf das Kriegsgeschehen erzeugt die «Urkatastrophe des 20. Jahrhunderts» und stellt vorhandene Weltbilder, Wertesysteme und gesellschaftliche Rahmenbedingungen grundsätzlich infrage. Die im Krieg noch stärker rationalisierte Massenfertigung setzt sich nunmehr in allen Bereichen der Produktion durch. Der 1917 zur Vereinheitlichung des Nachschubs von Kriegsgütern gegründete Normenausschuss der deutschen Industrie fördert diese Entwicklung maßgeblich. Zudem brechen im Gefolge revolutionärer Bewegungen in Russland und Deutschland einflussreiche politische und wirtschaftliche Systeme zusammen. Die traumatisierenden Kriegserfahrungen und die unsicheren Zukunftsaussichten wecken bei vielen Menschen den Wunsch, feudale und tradiert-bürgerliche Strukturen endgültig hinter sich zu lassen. Künstlerische Avantgarde-Bewegungen wie der Futurismus streben nach einer radikalen Durchsetzung der Moderne und verschreiben sich der Geschwindigkeit, Schönheit und Überlegenheit der Maschine. Zeitgleich bildet sich in Russland eine wirkungsvolle Erneuerungsbewegung heraus, die international gut vernetzt agiert. In der bildenden Kunst setzt sie sich im Suprematismus und Konstruktivismus mit der Überwindung von Gegenständlichkeit auseinander, entfernt sich durch Materialcollagen von der Flächigkeit des Bildes und experimentiert mit geometrischen Elementen zur Hervorbringung von Raumkonstruktionen. Die Grundidee der Erneuerung wird von einigen Avantgarde-Protagonisten noch umfassender verstanden: Durch ein schrittweises Zerlegen von Formen, Bildern und Sprache wollen die Kunstschaffenden zum Wesenskern einer Sache vordringen, um neue Ausdrucksmöglichkeiten zu entdecken. Das Ziel: eine wissenschaftlich-künstlerische Umgestaltung der Welt. Wladimir Tatlin begeistert sich in diesem Umfeld für die Möglichkeiten von Technik und Massenproduktion, mit deren Hilfe der Lebensstandard der Durchschnittsbevölkerung verbessert werden soll. Zu dem Zweck entwirft er Lösungen für alle Gebiete des täglichen Lebens – Werbeplakate, einen ergonomischen Stuhl, einen genormten Herrenmantel – und befasst sich sogar mit der utopischen Idee eines Einmannfluggeräts.

In den Niederlanden verfolgen Künstler ähnliche Absichten, wenn sie sich mit geometrischen Gesetzmäßigkeiten befassen. Theo van Doesburg formuliert in seinem Manifest die Forderung nach einer konkreten, nicht nur abstrakten Kunst. Die flächig-linearen Kompositionen in den Grundfarben Rot, Gelb und Blau, mit denen van Doesburg und Piet Mondrian der *De Stijl*-Bewegung eine Art Markenzeichen verleihen, werden zu übergeordneten Sinnbildern rationaler Ansätze und erhalten in Form der Möbel- und Architekturkonzepte von Gerrit Rietveld ein dreidimensionales Pendant. Solche Avantgarde-Bewegungen zielen allesamt auf eine Erneuerung sämtlicher Lebensbereiche und etablieren damit das Neue als Paradigma der anbrechenden Moderne.

In Deutschland stellt Walter Gropius 1919 eine Ausbildungsstätte ins Zentrum der Erneuerungsaktivitäten: das Bauhaus.

Zunächst zum Direktor der großherzoglichen Kunsthochschule in Weimar ernannt und fest entschlossen, in dieser Funktion die expressionistische Kunst voranzubringen, legt er bald ein neues Schulkonzept vor. «Ich komme mit Ungestüm nach Weimar», schreibt er, «mit dem festen Vorsatz, aus meiner Sache ein Ganzes zu machen. Oder, wenn das nicht gelingt, wieder schnell zu verschwinden. Diese ungeheuer interessante, ideengeschwängerte Zeit ist reif dafür, zu etwas positiv Neuem zusammengehämmert zu werden [...].» Dem Konzept für das Staatliche Bauhaus liegt die Vereinigung der Kunsthochschule mit der von Henry van de Velde aufgebauten Kunstgewerbeschule zugrunde. Untergebracht ist die neue Ausbildungsstätte im Gebäudekomplex des belgischen Jugendstilkünstlers. Steht zu Beginn der Industrialisierung noch das Replizieren von etablierten Stilvorlagen im Mittelpunkt der Ausbildung, entwickelt sich nach dem Ersten Weltkrieg zunehmend ein eigenständiges Kompetenzfeld für Gestaltende. Allerdings verläuft der Weg zu einer fortschrittlichen Designausbildung weder linear noch ohne Rückschläge. So engagiert sich Gropius vor seinem Aufenthalt in Weimar mit anderen Kunstschaffenden und Architekten im Berliner Arbeitsrat für Kunst, der analog zu den Arbeiter- und Soldatenräten eine direkte Verbesserung der Lebenssituation der Bevölkerung anstrebt. In diesem Dunstkreis keimen Ideen für eine in Geheimbünden organisierte Elite, die den gesellschaftlichen Erneuerungsprozess einleiten soll. Gropius hält fest: «Wie in den Bauhütten des Mittelalters in enger persönlicher Fühlung der Künstler aller Grade die gotischen Dome entstanden, so muß der Künstler der neuen Zeit in neuen Lebens- und Arbeitsgemeinschaften auf den Freiheitsdom der Zukunft vorbereiten. Solche Gemeinschaften laßt uns gründen!» Ähnlich wie in der *Arts and Crafts*-Bewegung wird auch hier der Weg zum Neuen im Rückgriff auf vorindustrielle Produktionsweisen gesucht. Gropius entwickelt diese Idee sukzessive bis zur Gründung des Bauhauses weiter und verdichtet sie 1919 im bekannten *Bauhaus-Manifest.* Im Kern wird darin der Bau zum «Endziel aller bildnerischen Tätigkeit» ausgerufen, denn durch ihn könne die Trennung von freier und angewandter Kunst überwunden werden. Als visuelles Symbol ergänzt ein Holzschnitt Lyonel Feiningers den Text. Die stilisiert abgebildete Kathedrale deutet auf das Mittelalter und kommuniziert symbolhaft die Zielsetzung des Lehrkonzepts: kollektive handwerkliche Arbeit aller Künste im Dienst eines übergeordneten Gesamtkunstwerks. Damit bildet eine prägnante Zusammenschau prominenter zeitgenössischer Strömungen die Basis für die Entwicklung einer Institution, die sich in ihrem 14-jährigen Bestehen mehrfach wandelt.

Das auf Reformpädagogik und der Kombination aus gestalterischer sowie handwerklicher Ausbildung beruhende Ausbildungskonzept zieht im ersten Jahrgang annähernd 150 Interessierte an. «Kunst entsteht oberhalb aller Methoden, sie ist nicht lehrbar, wohl aber das Handwerk», heißt es im Manifest. Deshalb sind die Werkstätten von zentraler Bedeutung; hier soll sich durch die Freiheit zum Experimentieren individuelles Können entwickeln. Umsetzbar wird der Bruch mit dem etablierten Hochschulsystem dank der Berufung von drei Avantgarde-Künstlern und dem Hinzutreten des Schweizer Kunstpädagogen und Malers Johannes Itten. Er entwickelt den Vorkurs als wichtigstes Ausbildungselement am frühen Bauhaus. Zum Einstieg soll dieses Modul dazu anleiten, erlernte und verfestigte Sehformen und Gestaltungsmuster zu überwinden. Durch Bewegungs- und Atemübungen, ein bewusstes und ganzheitliches Erleben sowie das Arbeiten mit vorgefundenen Materialien werden Wahrnehmung, Introspektion und Improvisation als Ansatzpunkte für kreatives Schaffen vermittelt. Ittens esoterisch angelegte Herangehensweisen und seine mönchsartige Selbstinszenierung haben eine sektiererische Wirkung auf die Studierenden und gelten schon damals als fragwürdig. Während die Konzeption des Vorkurses dennoch bestehen bleibt, bricht der Meisterrat nach ersten Praxiserfahrungen die einseitig auf das Handwerk ausgerichtete Ausbildungsform auf. Fortan stehen den Werkmeistern Formmeister zur Seite, damit die gestalterischen Aspekte mehr Gewicht erlangen. Dem hybriden Ausbildungsmodell gelingt es, die Qualität der Entwürfe entscheidend zu steigern.

Nach konfliktreichen Jahren und dem Weggang Ittens verschiebt sich der Fokus schrittweise vom Expressionistisch-Individuellen des Handwerks zur Ästhetik für die Maschinenproduktion. Impulsgebend hierfür sind neue Lehrkräfte wie der aus Ungarn stammende László Moholy-Nagy und einige Externe, beispielsweise van Doesburg, der nach Thüringen kommt und über privat angebotene Kurse zur Gestaltung Einfluss auf die Arbeiten der Bauhaus-Studierenden nimmt. Der *Lattenstuhl* von Marcel Breuer wird zum Sinnbild dafür (Abb. 13). Von van Doesburg provoziert, sieht sich Gropius zu einer Neuausrichtung veranlasst: statt «Kunst und Handwerk» heißt es 1923 «Kunst und Technik – eine neue Einheit». Für die konkrete Umsetzung der neuen Parole steht die Kooperation der Bauhaus-Keramikwerkstatt mit dem Betrieb der Gebrüder Krehan im 30 Kilometer entfernten Dornburg. Dort leben und arbeiten die Studierenden in enger Gemeinschaft, was dem ursprünglichen Ideal der Schule entspricht. In abgeschiedener Atmosphäre vollzieht sich der Schritt von der Töpferscheibe zur Gusskeramik und damit vom handwerklichen zum industriellen Produktentwicklungsprozess erstmals in dieser Institution.

Die ebenfalls 1923 stattfindende Bauhausausstellung sorgt für große öffentliche Resonanz und unterstreicht die Neuorientierung. Das dafür errichtete *Haus am Horn* führt mit seiner Ausstattung erstmals vor, wie sehr die praktische Funktion und der Einsatz neuer Materialien nun favorisiert werden. Wenngleich die Hinwendung zur industriellen Produktion und die Konzentration auf elementargeometrische Formen zu Beginn der 1920er Jahre noch einige starr und gezwungen wirkende Produkte hervorbringt, demonstrieren Entwürfe wie die Kinderzimmereinrichtung von Alma Siedhoff-Buscher und Erich Brendel oder die Küche, die Benita Otte zusammen mit Ernst Gebhardt gestaltet, die veränderte Programmatik sowie das Innovationspotenzial der neuen Schwerpunktsetzung.

Mit dem Wahlsieg rechter Parteien in Thüringen und der Halbierung der Haushaltsmittel endet die Zeit des Bauhauses in Weimar. Das sozialdemokratisch regierte Dessau erscheint dem Meisterrat als neuer Standort am attraktivsten. Die stark wach-

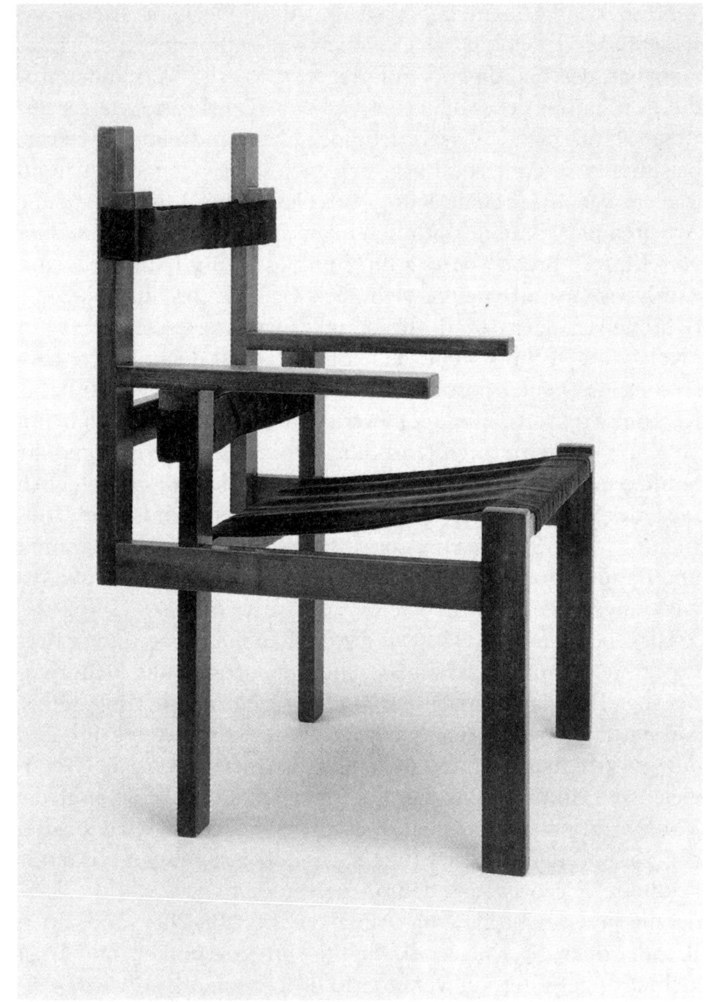

13 Lattenstuhl von Marcel Breuer am Bauhaus, 1924

sende Industriestadt hat einen großen Bedarf an Wohnraum und entsprechenden Gestaltungsentwürfen. Zusätzlich verspricht die Nähe zur Industrie, vor allem zu den Junkerswerken, attraktive Möglichkeiten der Unterstützung und ebenso Zugriff auf moderne Produktionsmaschinen. Mit dem Ortswechsel erhält das Bauhaus die Bezeichnung «Hochschule für Gestaltung» und der Umbau von der handwerklichen zur industriellen Ausrichtung erfolgt noch konsequenter. Die Werkstätten sollen nach Gropius zu Laboratorien der Industrie werden, um «vervielfältigungsreife, für die heutige Zeit typische Geräte sorgfältig im Modell» zu entwickeln und zu verfeinern. Unter diesem Aspekt bildet sich ein neuer Typ Mitarbeiter heraus, «der Technik und Form gleichermaßen beherrscht» – der Designer. Für die Ausbildung dieser Gestaltergeneration beschäftigt das Dessauer Bauhaus Absolventen wie Marcel Breuer, Herbert Bayer und Joost Schmidt, die als «Jungmeister» bezeichnet werden. Neuartige Leuchten, Möbelstücke und Stoffe werden nicht mehr nur auf Basis von Grundformen entworfen. Sie entstehen durch industrielle Verfahren und Halbzeuge sowie mit Blick auf die Funktionserfüllung. Repräsentativ für diese Entwicklungsphase der Hochschule sind hauptsächlich die Stahlrohrmöbel von Marcel Breuer. Ihn bringt wohl die Betrachtung eines Fahrradlenkers auf die Idee, technische Möglichkeiten zur Verformung von Stahlrohr in den Möbelbau zu übernehmen und somit zuvor nicht da gewesene Einrichtungsformen zu schaffen. Breuers *Clubsessel B 3*, der 1926 beim Berliner Hersteller Standard-Möbel in Fertigung geht, wird zur Bauhaus-Ikone. Die sehr teuren Stahlrohrprodukte bleiben einem elitären Kundenkreis vorbehalten, trotzdem stehen sie für den sogenannten Bauhaus-Stil.

Avantgarde des sozialen Designs in der Zwischenkriegszeit

In der Weimarer Republik erreicht der Fortschritt in puncto Rationalisierung eine neue Dimension. Das 1921 eingerichtete Reichskuratorium für Wirtschaftlichkeit in Industrie und Handwerk (RKW) treibt die deutsche Rationalisierungsbewegung stark voran und erklärt bereits sechs Jahre nach seiner Gründung: «Was früher Einzelerscheinungen waren, ist heute unter dem Begriff ‹Rationalisierung› eine die ganze Wirtschaft durchsetzende Bewegung, der sich niemand ohne Schaden entziehen kann.» Ab 1927 sorgt die Reichsforschungsgesellschaft für Wirtschaftlichkeit im Bau- und Wohnungswesen (RFG) dafür, dass auch das Bauwesen mit den Schwerpunktthemen Wohnen und Hauswirtschaft Gegenstand der staatlich mit Millionensummen geförderten Rationalisierungsbestrebungen wird. In der Effizienzsteigerung sieht man nach dem Ersten Weltkrieg den Ausweg aus der wirtschaftlichen Krise, eine Antwort auf die soziale Frage hinsichtlich des Wohnungsmangels und nicht zuletzt ein Angebot zur Organisation und Bewältigung des Alltags.

Im Design bedeutet Rationalisierung von allem das Bekenntnis zu Standardisierung. Sie schafft nach Auffassung des Entwerfers Hannes Meyer die Grundlage zur Erfüllung des sozialen Auftrags bei der Gestaltung von Produkten, Bauwerken und Druckerzeugnissen. Seine Überzeugung äußert der Schweizer 1926 in der Schrift *Die neue Welt:* «Das sicherste Kennzeichen wahrer Gemeinschaft ist die Befriedigung gleicher Bedürfnisse mit gleichen Mitteln. Das Ergebnis solcher Kollektivforderung ist das Standardprodukt.» Meyer befürwortet den Gemeinschaftsgedanken und das genossenschaftliche Arbeiten in Kollektiven. Seine Gestaltungsprojekte unterstreichen dieses Prinzip durch den Zusatz *Co-op*, wie etwa in *Co-op Interieur* oder *Theater Co-op*. Am Bauhaus macht er die Theorie eines sozialen Funktionalismus in Design und Architektur zum Ausgangspunkt für die Entwurfslehre. Zugleich ist sie Kern einer Neuausrichtung der inzwischen international renommierten Institution. Die Befugnis dazu verleiht ihm Walter Gropius; er beruft Meyer 1927 nach Dessau und ernennt ihn ein Jahr später zu seinem Nachfolger. Für den zweiten Bauhaus-Direktor gilt das Gestalten der alltäglichen Umwelt vorrangig als soziale Aufgabe. Meyer sieht den Entwerfer im Dienst der Bevölkerung – insbesondere, um die verheerenden Auswirkungen der Weltwirtschaftskrise auf Menschen in prekären finanziellen Verhältnissen abzumildern. Design definiert sich dadurch nicht mehr als künstlerische, stattdessen als soziale Handlung. Nicht länger soll der Formwille von Individualkünstlern die Gestaltung bestimmen. Vielmehr richtet sich die Entwurfstätigkeit nun an den Bedürfnissen derjenigen aus, denen die Gegenstände nützen sollen. Dass es hierbei um die Anforderungen und Interessen der Bevölkerungsmehrheit und nicht um das Verlangen nach Prestige von einigen wenigen Vermögenden geht, zeigt die Losung: «Volksbedarf statt Luxusbedarf».

Der Kollektivgedanke Meyers bezieht sich aber nicht nur auf die Entwurfsresultate an sich, er umfasst auch die Arbeitsweise und das Selbstverständnis von Designern und Architekten. Unter der Leitung des neuen Direktors wird das Gestalten am Bauhaus zur Kooperationsleistung von vertikalen Projektgemeinschaften. Das anonyme und uneitle Zusammenwirken von Studierenden aus unterschiedlichen Semestern hat zum Ziel, Leistungsunterschiede innerhalb des Kollektivs auszugleichen, und leitet dazu an, voneinander zu lernen. Konsequenterweise steht mit diesem Ausbildungskonzept die «begabten-auslese» als Zulassungsverfahren für das Gestaltungsstudium zur Disposition. Meyer lehnt es ab, eine «affenhafte geistige beweglichkeit als begabung» zu würdigen, und verlangt, alle, die an dem Thema «lebensgestaltung» interessiert sind, zum Studium zuzulassen und ihre Fähigkeiten in Kollaborationen zu integrieren. Außerdem halten wissenschaftliche Fächer Einzug in die Ausbildung am Bauhaus. Da die Gestaltungsleistungen vornehmlich aus Analyse-Synthese-Prozessen hervorzugehen haben, was die Ermittlung und Gewichtung einer ganzen Reihe an Einflussfaktoren verlangt, führt Meyer Fächer wie Psychologie, Soziologie, Ökonomie, Baustofflehre, Statik und Klimatisierung ein.

Immer mehr nimmt das Bauhaus unter Meyer die Gegenposition der ehemaligen Gropius-Institution ein. Am augenscheinlichsten wird der Richtungswechsel durch Meyers öffentliche Kritik an den elitären Stahlrohrmöbeln und dem sogenannten Bauhaus-Stil. Bei einem Vortrag in Basel etwa beklagt er, der Stil sei zur Mode geworden, in eine «horizontal-vertikale formenwelt verkrampft, in akademie erstarrt». An dieser Art der Gestaltung lasse sich eine Verselbstständigung der Form und des puristischen Ausdrucks, also Formalismus und Oberflächlichkeit, ablesen. Der Öffentlichkeit ebenso wie den Bauhaus-Studierenden erklärt er in diesem Zusammenhang stets, dass Design von Notwendigkeiten ausgehen müsse und es dabei nicht um einen Stil oder um die Entlehnung von Formen aus der bildenden Kunst gehen könne. Solche Grundsätze markieren einen entscheidenden Schritt in Richtung moderner Gestaltung: Sie machen das Konzept «angewandte Kunst» obsolet und suspendieren diese Bezeichnung – die trotzdem vereinzelt bis heute kursiert, wenn von Produktdesign die Rede ist.

Eine Ausstellung mit dem Titel *die volkswohnung* präsentiert erstens die veränderte Zielsetzung des sozialen Designs und zweitens dessen neue Ästhetik und Materialität (Abb. 14). Anstelle teurer Wohnobjekte aus Glas und Stahl, wie sie zum Beispiel die Stühle von Marcel Breuer oder die Bauhaus-Leuchte von Carl Jakob Jucker und Wilhelm Wagenfeld verkörpern, präsentiert die Werkschau wesentlich kostengünstigeres, dabei trotzdem hochwertiges und fein ausgearbeitetes Holzmobiliar. Die ästhetische Erscheinung dieser Einrichtungsgegenstände, die Werkstoffverwendung und das konzeptionelle Fundament gehen explizit auf die schwierigen ökonomischen und sozialen Bedingungen ihrer Entstehungszeit zurück, deuten allerdings bereits auf spätere Herausforderungen wie den Umweltschutz.

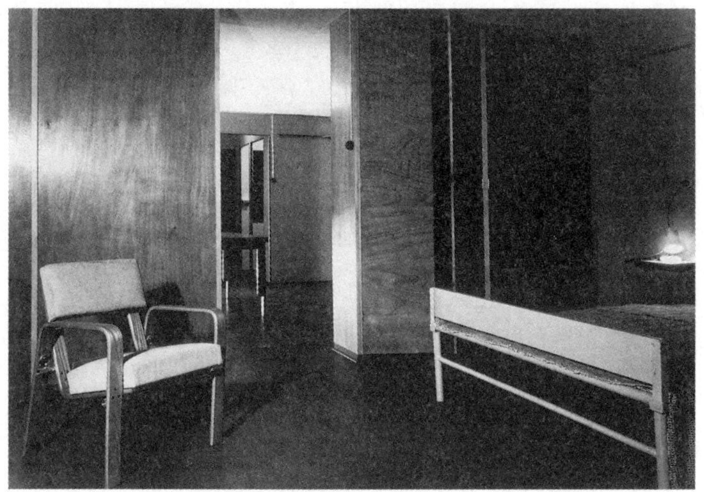

14 Schlafraumausstattung, gezeigt bei der Bauhaus-Ausstellung *die volkswohnung* im Leipziger Grassimuseum, 1929

Jedoch können die zukunftsweisenden Entwicklungen am Bauhaus nicht verhindern, dass Meyer im Sommer 1930 die fristlose Kündigung erhält. Sein Hinauswurf wird von Gegnern an der Hochschule und nicht zuletzt von Gropius in die Wege geleitet. Offiziell bezieht man sich in der Dessauer Stadtverwaltung zwar auf Meyers politisch links ausgerichtete Haltung; die tatsächlichen Gründe für die Entlassung des zweiten Bauhaus-Direktors sind aber hochschulintern zu suchen und liegen in seiner Kritik am Bauhaus-Stil, den Änderungen am Lehrplan und vor allem in seiner Ablehnung gegenüber dem Individualkünstlertum.

Bis zur Schließung der Institution im Jahr 1933 übernimmt Ludwig Mies van der Rohe als dritter und letzter Direktor die Bauhaus-Leitung. Während dieser Phase hat die Hochschule aufgrund des erstarkenden Nationalsozialismus mit immer größeren Einschränkungen zu kämpfen, was letztlich sogar erfordert, den Standort Dessau aufzugeben und bis zum endgültigen Aus nach Berlin umzuziehen.

An vielen Orten in Deutschland entstehen während der 1920er Jahre Siedlungen, die nach sozialpolitischen Maßgaben geplant und gestaltet sind. Der Stadt Frankfurt am Main kommt in diesem Rahmen eine besondere Bedeutung zu, denn hier wird die Idee des Fortschritts konsequent zum Vorteil möglichst aller Bevölkerungsgruppen umgesetzt. Zwei Persönlichkeiten sind dabei prägend: Oberbürgermeister Ludwig Landmann und der Stadtrat für Hoch- und Städtebau Ernst May. Ihr Antrieb ist die Forderung nach dem «neuen Menschen» – eine Denkfigur, die sie aus den unter Intellektuellen viel diskutierten Schriften des Philosophen Friedrich Nietzsche ableiten. Wie Landmann in der ersten Ausgabe der Zeitschrift *Das Neue Frankfurt* 1926 konstatiert, soll sich frei vom vermeintlichen Ballast der Konventionen und tradierten Denkmuster ein «neuer Stil als äußerer Ausdruck einer neuen tiefen Seelenwandlung» entwickeln, der eine veränderte Gestaltung «auf allen Kulturgebieten» nach sich zieht. Für dieses Vorhaben bietet Frankfurt eine günstige Ausgangslage, da die Neugründung der Frankfurter Messe und deren Ausbau zu einer internationalen Handelsplattform starke wirtschaftliche Impulse geben kann. Die räumliche und inhaltliche Nähe des Werkbundhauses mit Ausstellungen zu und zwischen den einzelnen Messen sichert darüber hinaus Anschluss an die kulturelle Avantgarde. Gleichzeitig äußert sich mediale Experimentierfreude in der Musik von Paul Hindemith, im Filmschaffen oder beim Frankfurter Rundfunk, wo 1924 das erste Mal in Deutschland ein Hörspiel ausgestrahlt wird.

Namensgebend für das Innovationsstreben der Stadt und international beachtet ist vor allem das umfassende Bauprogramm, das die Wohnungsnot der Arbeiterschaft und des verarmten Bürgertums in einer Zeit hoher Arbeitslosigkeit und Inflation lindern soll. Das Konzept reagiert auf die Missstände mit neuen Ideen im Großen wie im Kleinen: von der Bebauungsstruktur bis zur Grünfläche, von der Siedlungsplanung bis zum einzelnen Gebäude, vom Wohnungsgrundriss bis zur Einrichtung, vom Grundbedarf bis zur modernen Technik. Dieser ganzheitliche Planungsansatz basiert auf dem Modell der Gartenstadt von Ebenezer Howard und verknüpft es mit Rationalisierungsgrundsätzen sowie Typisierungsstrategien. Landmann und May ist nämlich bewusst, dass eine Verbesserung der Situation nicht durch individuelles Bauen, sondern nur durch die serielle Produktion von Wohnraum und die systematische Deckung von Wohnbedarf erreicht werden kann. Mit Blick auf die Architektur klagt May in *Mechanisierung des Wohnungsbaues:* «Während wir seit geraumer Zeit Gegenstände aller Art, die der Masse des Volkes dienen, in rationeller Weise produzieren, wobei sich besonders im letzten Jahrhundert in immer stärkerem Maße eine Ersetzung der Handarbeit durch Maschinenarbeit vollzog, bauen wir die Massenwohnung noch heute aus dem gleichen Stoffe, aus dem bereits die Ägypter 3000 v. Chr. ihre Siedlungen schufen. [...] Wenn also die Bauwirtschaftler unserer Tage neue Baumethoden ersinnen, so wie sie das auf dem Gebiete des Industriebaues und Geschäftsbaues unter weitgehender Verwendung von Stahl, Beton und Glas längst getan haben, so entspringt dieses Streben nicht irgendeiner Neuerungssucht, sondern dem ernsten Bestreben, technische Mängel und Leerläufe der seitherigen Bauweise zu beseitigen und damit der Volkswirtschaft unnötige Kosten zu ersparen.» Nur wenn die «ökonomischen und technischen Voraussetzungen [...] hier wie Zahnräder zweier Getriebe ineinander» griffen und beide Bereiche synchron arbeiteten, könne rentabel gefertigt und die hohe Nachfrage befriedigt werden, so Mays Mitarbeiter Ferdinand Kramer. Mit der propagierten Rationalisierungs- und Typisierungsstrategie schafft es die Gruppe um May, von 1925 bis 1930 über 12 000 Wohnungen zu bauen und einzurichten. Das gelingt, indem industriell vorgefertigte Großformatmodule aus einem wärmeisolierenden Bims-Zement-Gemisch auf der Baustelle zu Häusern zusammengefügt werden. Gebäude desselben Typs reiht man dann aneinander, bis ganze Wohngebiete entstehen. Das Prinzip wird 1926 auf der Frankfurter Messe erstmals der Öffentlichkeit präsentiert. Arbeiter fertigen dort ein Versuchshaus in nur 26 Tagen.

Obwohl die Wohnungen für Menschen mit geringen Einkommen geplant sind, ist ihre Ausstattung fortschrittlich. Viele Häuser verfügen über eine Zentralheizung; ganze Siedlungen sind erstmals an das Stromnetz angeschlossen, sodass elektrisches Licht verfügbar ist und moderne Haushaltsgeräte eingesetzt werden können. Die neuen Stadtteile gruppieren sich wie Satelliten um den Stadtkern, dazwischen entsteht Platz für Kleingärten und öffentliche Parks. Die Stringenz der Siedlungs- und Wohnbedarfsgestaltung findet sich im gesamten Stadtraum wieder, angefangen bei Straßenschildern und Reklameflächen – allesamt mit der von Paul Renner entworfenen Schrift *Futura* versehen – über Parkbänke, einheitliche Kleingartenlauben bis hin zu vordefinierten Grabsteinen und Mustergrabstätten. Designhistorisch besonders bedeutsam ist die Abteilung Typisierung des Frankfurter Stadtbauamts, wo nach den sogenannten *Frankfurter Normen* gearbeitet wird. Die Vereinheitlichung von Wohnungsgrundrissen ermöglicht, Ausstattungsgegenstände massenhaft und damit kostengünstig herzustellen. So schafft man auf kleinem Raum helle, komfortable Wohnumgebungen, die auf dem neusten Stand der Technik sind. Kramer entwirft dafür standardisierte Türdrücker und Fensterbeschläge, genormte Holztüren mit Stahlzargen, Leuchten, Sitzbadewannen, Öfen und kombinierbare Möbel. Für die Türblätter und Typenmöbel nutzt er Sperrholz, ein in den 1920er Jahren neues leichtes und zugleich stabiles Material, welches zuerst im Fahr- und Flugzeugbau zum Einsatz kommt. Der Werkstoff wird industriell und damit preisgünstig hergestellt, lässt sich aber trotzdem mit konventionellen Maschinen und Werkzeugen bearbeiten. Insbesondere der Kostenvorteil fällt bei Möbelentwürfen, mit denen Kramer einen Wettbewerb der Hausrat GmbH gewinnt, stark ins Gewicht, verfolgt die gemeinnützige Gesellschaft doch das Ziel, Menschen mit niedrigem und mittlerem Einkommen preiswerte Einrichtungsgegenstände zu bieten. Um der drohenden Überschuldung junger Familien entgegenzuwirken, werden nicht nur neue Produkte entwickelt, sondern auch günstige Kredite angeboten und die Produktionsaufträge an notleidende Schreinerbetriebe und die Erwerbslosenzentrale vergeben. Die Produkte bestehen deshalb aus einer Kombination von massenhaft gefertigten Beschlägen einerseits und einfach von Hand herzustellenden Holzteilen andererseits, was zulässt, schnell in großen Mengen und hoher Qualität zu liefern. Die von Kramer gestalteten Alltagsgegenstände finden sowohl bei den Bewohnern der Neubausiedlungen als auch bei Beschäftigten an Schulen und Kindergärten Akzeptanz. Für Betreuungseinrichtungen entstehen etwa leichte Kinderbetten aus Aluminiumgestellen mit einer Segelstoffbespannung und ringförmige Esstische mit drehbaren Sitzen, welche die Versorgung mehrerer Kinder von einer Betreuungsperson vereinfachen und effizienter machen.

Das bekannteste Produkt der Abteilung Typisierung ist die kompakte und massenhaft produzierte *Frankfurter Küche* (Abb. 15). Entworfen wird das Vorläufermodell der modernen Einbauküche von der österreichischen Architektin Margarete Schütte-Lihotzky. Als sie 1926 aus Wien nach Frankfurt kommt, verfügt sie bereits über Erfahrungen mit der Gestaltung von Wohnraum für das Existenzminimum. In Frankfurt führt sie diese Arbeit fort und gestaltet zum Beispiel Gartenlauben oder ein selbst aufzubauendes Kombinationsmöbel. Doch vor allem die Doppelbelastung der berufstätigen Frau und Überlegungen, wie sie Christine Frederick in *Die rationelle Haushaltsführung* anstellt, bringen Schütte-Lihotzky dazu, über Fragen der Rationalisierung auf dem Gebiet der Hauswirtschaft nachzudenken. Vorschläge wie das Einküchenhaus, in dem eine zentrale Bewirtschaftungseinheit 20 Familien mit Essen versorgt und alle damit zusammenhängenden Arbeiten bündelt, werden zwar erprobt, erweisen sich aber angesichts zu unterschiedlicher Speisepräferenzen und finanzieller Möglichkeiten der einzelnen Familien als nicht umsetzbar. Daher spitzt Schütte-Lihotzky die Aufgabenstellung zu: «Wir können die Grundsätze arbeitssparender, wirtschaftlicher Betriebsführung, deren Verwirklichung in Fabriken und Büros zu ungeahnten Steigerungen der Leistungsfähigkeit geführt hat, auf die Hausarbeit übertragen. Wir müssen erkennen, daß es für jede Arbeit einen besten und einfachsten Weg geben muß, der daher auch der am wenigsten ermüdende ist.» Vorbild ist die Küche eines Mitropa-Speisewagens – konzipiert, um auf engstem Raum zügig ein Menü zuzubereiten. In Analogie zur Methodik von Frederick

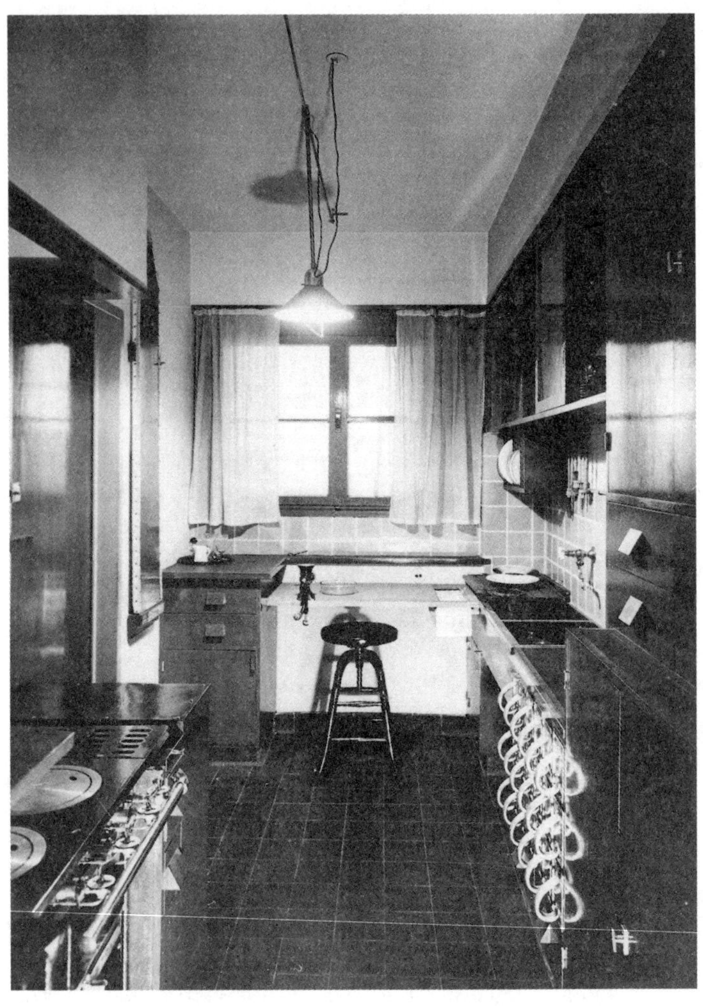

15 Margarete Schütte-Lihotzky: *Frankfurter Küche*, hier auf der Sonderschau *Die Neue Wohnung und ihr Innenausbau* während der Frankfurter Frühjahrsmesse 1927

Winslow Taylor für wissenschaftliche Betriebsführung analysiert Schütte-Lihotzky die Laufwege und die dafür benötigten Zeiten bei der Zubereitung eines Gerichts. Die Abmessungen der 6,5 Quadratmeter großen Arbeitsküche und die Anordnung des Mobiliars bieten im Vergleich zur Wohnküche Vorteile hinsichtlich der Wegstrecken sowie der benötigten Arbeitszeit. Spezielle Ausstattungsmerkmale wie ein Loch in der Arbeitsplatte zur Entsorgung von Küchenabfällen, nach unten geöffnete Oberschränke, damit Spülwasser von den Tellern über dem Waschbecken abtropfen kann, Schütten für Lebensmittel oder ein ausklappbares Bügelbrett sollen die Hausarbeit erleichtern und beschleunigen. In vielen Wohnungen ergänzen außerdem erste elektrische Haushaltsgeräte die Ausstattung. Zunächst zur Entlastung von erwerbstätigen Frauen erdacht, werden die engen, vom übrigen Wohnraum abgetrennten Küchenräume in späteren Diskussionen feministischer Bewegungen kritisch reflektiert – zu sehr bleibt die *Frankfurter Küche* einem konservativen weiblichen Rollenbild verhaftet.

Neben dem Wohnbedarf für das Existenzminimum treibt das produzierende Gewerbe der Stadt Frankfurt auch im technischen Bereich Entwicklungen voran. Zu nennen sind die 1921 gegründete Max Braun oHG, die ab 1923 unter anderem Rundfunkempfänger fertigt, die Adler Werke, in denen Fahrzeuge produziert werden, die Frankfurter Leuchtenbetriebe und die Firma Fuld. Letztere nutzt die aus Amerika bekannte Vorgehensweise, Telefone zu vermieten, anstatt sie zu verkaufen. Das *Modell 7800*, auch als *Modell Frankfurt* bezeichnet, weist die über viele Jahre als archetypisch geltende Gestalt bestehend aus kubischer Grundform mit Wählscheibe und quer dazu oben aufgelegtem Hörer mit organischer Linienführung auf (Abb. 16). Die Gestaltung des Geräts stammt von den Ingenieuren der Firma, ist jedoch an einem Entwurf von Richard Schadewell orientiert. Nach der Beschreibung in einem Werbeprospekt haben funktionale und ergonomische Gesichtspunkte oberste Priorität bei der Formfindung: «Auf jede Ausschmückung und Verzierung ist verzichtet; nur auf geringste Abmessungen und größte Handlichkeit ist Rücksicht genommen worden. Daraus

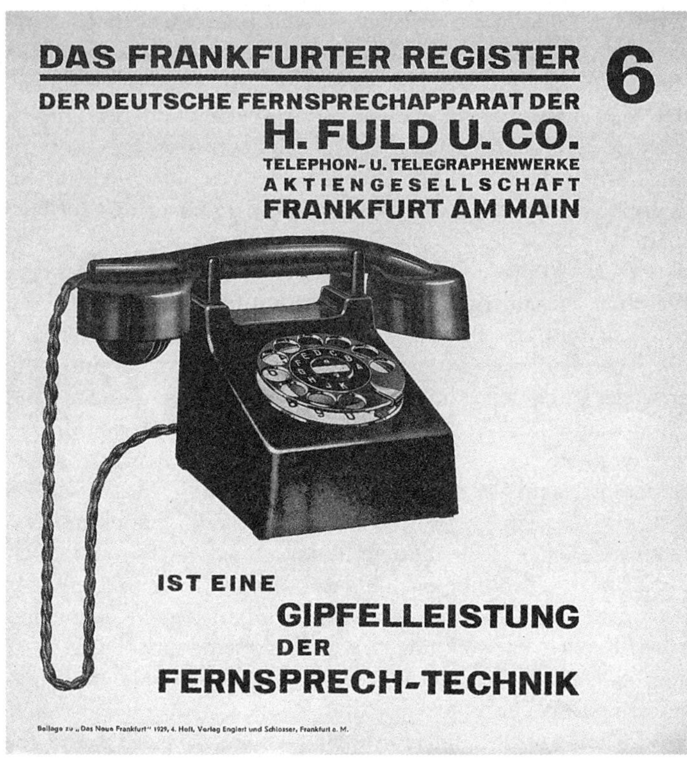

16 Fuld-Telefon *Modell Frankfurt* oder auch *Modell 7800* (1927), Beilage *Das Frankfurter Register* zur Zeitschrift *Das Neue Frankfurt*, 4. Heft 1929

hat sich eine überraschend gefällige äußere Form ergeben, die unserem heutigen Geschmacksempfinden durch äußere Linienführung in vollem Maße gerecht wird.»

Wie die einzelnen Gestaltungsprojekte rund um das *Neue Frankfurt*, das Bauhaus unter der Leitung von Hannes Meyer, die Werkbundausstellung *Die Wohnung* von 1927 in Stuttgart und weitere Beispiele vor Augen führen, entsteht in den Wirren nach dem Ersten Weltkrieg ein Momentum, das im Spannungsfeld von Wirtschaft, Sozialpolitik, Technik und Kultur vielfältige Neuerungen hervorbringt. Eine pragmatische und auf die Steigerung des allgemeinen Lebensstandards hin ausgerichtete Haltung sorgt dafür, dass sich Designer von Vorläufern wie dem Weimarer Bauhaus lösen und Ziele jenseits formalästhetischer Zwänge oder stilistischer Gattungen formulieren.

Designführerschaft der USA in der Nachkriegszeit

Der Zweite Weltkrieg lässt gesellschaftliche, kulturelle und ökonomische Entwicklungen stagnieren, treibt auf technischem Gebiet aber Neuerungen voran. Die Fortschritte in der Werkstofftechnik (etwa bei Kunststoffen wie PVC), der Stahlproduktion oder bei der Optimierung anderer Fertigungsmethoden stehen ab 1945 für die zivile Nutzung bereit und erweitern auch die Möglichkeiten im Design.

Als einzige Siegermacht ohne Zerstörung im eigenen Land nehmen die USA während der Nachkriegszeit eine Sonderstellung unter den Industrienationen ein. Bereits in den 1940er Jahren gelingt es ihnen, ihre politische und wirtschaftliche Spitzenposition in der Welt weiter auszubauen und sich nicht zuletzt im Produktdesign als führend zu erweisen. Nach der Machtergreifung der Nationalsozialisten in Deutschland wandern einige bekannte Bauhaus-Vertreter nach Nordamerika aus und führen dort ihre Arbeit im Bereich der klassischen Moderne fort. Jedoch ist es, entgegen mancher Behauptung, nicht diese Emigrationswelle, die dem US-amerikanischen Design neuen Schub gibt. Vielmehr fußt die Entwicklung auf einer Verbindung von ökonomischen, gesellschaftlichen und technologischen Aspekten. Im Gegensatz zu Europa und Japan, wo die Bevölkerung Not leidet, da es an Wohnungen, Lebensmitteln, Gegenständen des täglichen Bedarfs, Werkzeugen, Rohstoffen, Arbeitskräften sowie monetären Mitteln mangelt, und wo insbesondere Deutschland damit zu tun hat, staatliche Verwaltungsstrukturen zu schaffen und Wirtschaftsbetriebe in Gang zu setzen, befinden sich die USA in einer privilegierten Situation. Zwar dauert es auch dort einige Zeit, bis die Umstellung von Kriegsproduktion auf zivile Fertigung abgeschlossen ist, allerdings sind die Wirtschaftsstrukturen weitgehend intakt und es herrscht Wohlstand und Optimismus. Auf dem Markt finden sich ständig neue Produkte, welche die Bewältigung des Alltags vereinfachen und das Leben schöner machen sollen. In den Geschäften steht eine Fülle an Elektrogeräten für die als Kundin identifizierte Hausfrau bereit. Von Europa aus blickt man mit Sehnsucht auf das US-Warenangebot, während international bekannte Marken wie Coca-Cola oder Lucky Strike den Wunsch nach dem *American Way of Life* als einer unbeschwerten, zukunftsorientierten Lebensart weiter steigern.

Anfang der 1950er Jahre stehen viele Unternehmen in den Vereinigten Staaten dennoch vor einem Problem: Durch das Wegbrechen der Exportmärkte in Europa und Japan kommt es nach einer Phase der verstärkten Inlandskonjunktur unmittelbar nach Kriegsende schnell zu einer Übersättigung des Binnenmarkts. Die Nachfrage der Konsumenten sinkt und der Konkurrenzdruck unter den Wettbewerbern steigt. Das zwingt die Produkthersteller dazu, intensiv an Konzepten zur Absatzstabilisierung auf dem US-Markt zu arbeiten. Als Lösungsstrategie soll die Verkürzung der Produktnutzungszyklen dienen, was bedeutet: Die Verbraucher sind dazu angehalten, alte Produkte früher durch neue zu ersetzen. Zu den Methoden, dies zu erreichen, zählt vor allem das Auslösen von Kaufanreizen durch Werbung und Produktdesign. Die Gestaltung der Erzeugnisse wird zu einem bedeutenden Marketingfaktor – wobei jedoch weniger die Verbesserung der Produkte durch Design, sondern vorrangig das *Styling* gefragt ist. Im Zuge dessen richten viele US-amerikanische Designer ihren Fokus auf die Objekthülle und verändern diese in relativ kurzen Abständen. Man suggeriert so der Kundschaft, sie hätte eine veraltete Ausstattung von Alltagsgegenständen in Benutzung und würde den Anschluss verlieren, wenn das Bestehende nicht regelmäßig ersetzt wird. Neu ist an den ständig wechselnden Produktversionen aber meist nur das jeweilige Gehäuse. Ihr Design wechselt so schnell, dass für eine Entwicklungsarbeit, die neben ästhetischen auch technische oder ergonomische Überlegungen einschließt, keine Zeit bleibt. Selbst auf semantischem Gebiet lässt sich ein Verlust an Sorgfalt feststellen. Denn typisch für das *Styling* der Nachkriegsjahre ist, anderswo bereits existierendes Formenrepertoire auf Produkte wie Haushaltsgeräte, Büroutensilien oder Autos zu applizieren. Dadurch entstehen formale Beliebigkeit sowie eine Diskrepanz zwischen der Funktion eines Objekts und seiner äußeren Erscheinung.

Besonders deutlich wird dies am Traumwagenstil der damaligen Automobile (Abb. 17). Trotz technisch gleicher Bauart kommen jedes Jahr neue Fahrzeugmodelle auf den Markt. Und die Kundschaft kauft – selbst dann, wenn sich der Neuwagen vom alten Modell nur durch ein verändertes Blechkleid unterscheidet. Mehr denn je nämlich ist das Auto der Nachkriegsjahre Statussymbol und Repräsentationsmittel. Es zeigt an, ob man sich am vermeintlichen Fortschritt beteiligt oder nicht. Charakteristisch für den Traumwagenstil ist die reichliche Verwendung von Chromteilen, Panoramascheiben und vor allem Heckflossen. Die Applikation von Formelementen, die an Düsenflugzeuge oder Raketen erinnern, soll Modernität und Wohlstand ausdrücken. Funktional haben sie keinerlei Rechtfertigung, im Gegenteil: Nicht selten wird die Straßentauglichkeit der Fahrzeuge durch ihre Formgebung eingeschränkt. *Styling*-Maßnahmen machen die Automobile oft schwer lenkbar und bedeuten letztlich eine erhöhte Gefahr für die Verkehrsteilnehmer. International symbolisieren die *Dream Cars* bis heute den amerikanischen Lebensstil der *Golden Fifties* – auch deutsche Automobilhersteller orientieren sich in den 1950er Jahren am US-amerikanischen Vorbild.

Formen aus dem Flugzeugbau stehen zuerst im Automobildesign Pate. Mit der Stromlinien- oder Tropfenform wird aufgrund der guten aerodynamischen Eigenschaften schon in den 1930er Jahren bei der Konstruktion von Rennwagen experimentiert. Zwei Dekaden später steigt das Stromlinienförmige vollends zum Symbol für Geschwindigkeit, Dynamik, Fortschritt und Freiheit auf. Als Ikone des *Styling* hält es rasch Einzug in die Gestaltung sämtlicher Produktgattungen. Von Bleistiftanspitzern über Staubsauger und Bügeleisen bis hin zu Radverkleidungen an Kinderwagen weist eine Vielzahl an Gegenständen plötzlich Formen mit vermeintlich geringem Luftwiderstand auf.

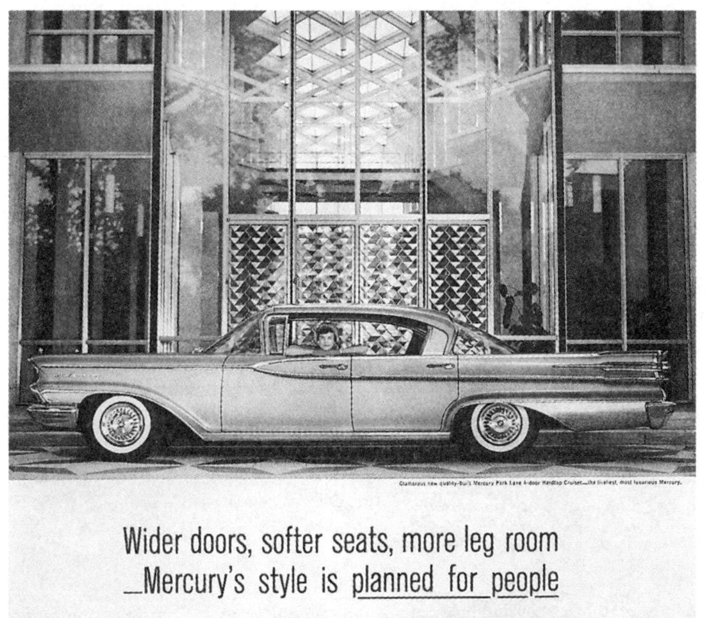

17 Automobil im Traumwagenstil: *Mercury Park Lane*, Ausschnitt einer Werbeanzeige von 1959

Die Faszination, die vom Flugzeug, dem modernsten Fortbewegungsmittel dieser Zeit, ausgeht, soll so auch auf andere Produkte abstrahlen. Starke Verrundungen durch große Radien, Aluminium sowie hochglänzende (Metall-)Oberflächen bestimmen das *Streamline-Design*.

Norman Bel Geddes, Walter Dorwin Teague, Henry Dreyfuss und Raymond Loewy sind nicht nur mit der Gestaltung von Fortbewegungsmitteln vertraut. Sie gehören außerdem zu den bekanntesten Vertretern des Stromliniendesigns und erkennen, dass sich die Verrundungen zur Erzeugung einer handschmeichlerischen Haptik hervorragend eignen und sich besonders mit Kunststoff seriell gut realisieren lassen. Exemplarisch dafür stehen das Bügeleisen von Dreyfuss für General Electric (1948)

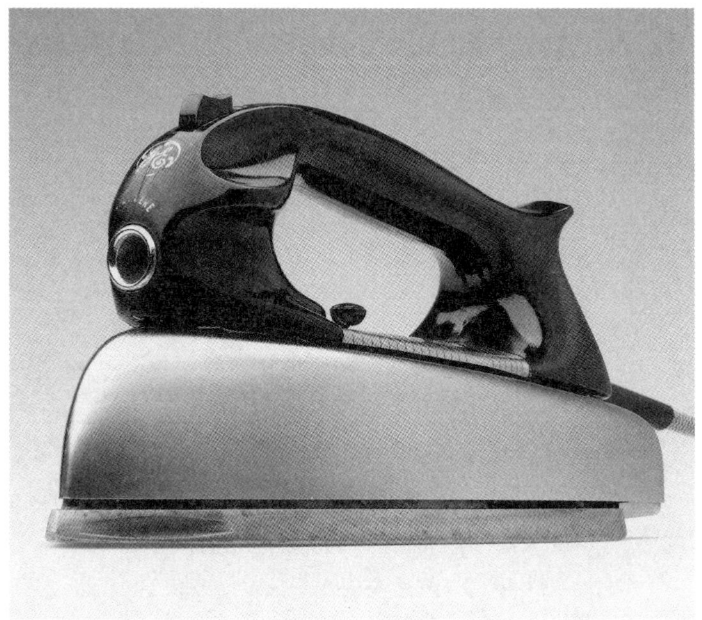

18 Henry Dreyfuss: Bügeleisen *Typ 139F40* für General Electric im Stromliniendesign, 1948

(Abb. 18) und die bereits 1936 vorgestellte Kodak-Kamera *Bantam Special*, gestaltet von Teague. Der französischstämmige Loewy wird häufig als «Vater des Stromliniendesigns» bezeichnet. Darüber lässt sich zwar streiten, sicher ist jedoch: Er zählt zu den ersten Designern, die im Entwurfsprozess den Markt durchgehend fest im Blick haben. In seinem biografisch angelegten Buch *Never leave well enough alone* aus dem Jahr 1951 schreibt Loewy über sich und seine Mitarbeiter: «Als Gestaltungsberater für 140 große Gesellschaften haben wir ständig die Hand am Puls der Verbraucher und konnten deshalb eine Art von sechstem Sinn für die Aufnahmefähigkeit des Publikums entwickeln, ob sie nun der Form einer Heizungsanlage, der Auslage eines Schaufensters, der Verpackung einer Seife, dem Stil eines Wagens oder der Farbe eines Schleppbootes gilt.»

Besondere Bekanntheit erlangt die Loewy'sche MAYA-Formel. Das Akronym steht für «most advanced yet acceptable». Loewy rät Designern, Zukünftiges so fortschrittlich wie möglich zu gestalten, es für potenzielle Käufer aber schon in der Gegenwart annehmbar zu halten. Der Leitsatz thematisiert die Gratwanderung zwischen dem, was im Entwurf zu einem bestimmten Zeitpunkt möglich ist, und dem, was den Adressaten unterdessen zugemutet werden kann, ohne durch zu viel Ungewohntes abschreckend zu wirken und die Kaufbereitschaft zu mindern. In anderen Worten: Loewy verlangt zwar Innovationsstreben, mahnt aber gleichzeitig an, auf den Erfahrungshintergrund der Rezipienten Rücksicht zu nehmen. Sein Ziel ist hierbei immer die Absatzförderung. Die MAYA-Formel ist daher zu einem Schlüsselprinzip in der Marktpsychologie avanciert. Viele Produktbeispiele belegen, wie sehr eine Missachtung den Produktherstellern schaden und umgekehrt das Befolgen zu Geschäftserfolg führen kann.

Die für den Porzellanhersteller Rosenthal von Raymond Loewy und Richard Latham gestaltete Geschirrserie *Form 2000* von 1954 ist mit einer Verkaufszahl von 20 Millionen repräsentativ für den Unternehmenserfolg der deutschen Wirtschaftswunderjahre (Abb. 19). Die Kombination aus traditionellen und innovativen Formelementen – etwa die Verbindung der klassischen Henkelform mit einem streng konischen Tassenkörper – kennzeichnet das Design. In Verbindung mit den hohen Absatzzahlen führt der Entwurf vor Augen, dass es sich auszahlt, Loewys Ratschlag anzunehmen. Wie einig sich Gestalter und Unternehmer in dieser Angelegenheit sind, unterstreicht ein Satz Philip Rosenthals gegenüber den Aufsichtsräten seines Betriebs: «Wir müssen den anderen Firmen ständig um einen Schritt voraus sein, um die Führung zu behalten. Gehen wir aber gleich drei Schritte vorwärts, dann machen wir pleite.» Loewy gestaltet also im Sinne seiner Auftraggeber. Ihn deshalb abschätzig als bloßen *Stylisten* mit reiner Gewinnabsicht zu bezeichnen, ist allerdings zu kurz gegriffen. Aus seinem Buch geht hervor, dass sich seine Überlegungen zum Entwurf sehr wohl der optimierten Produktfertigung, Aspekten der Geräte-

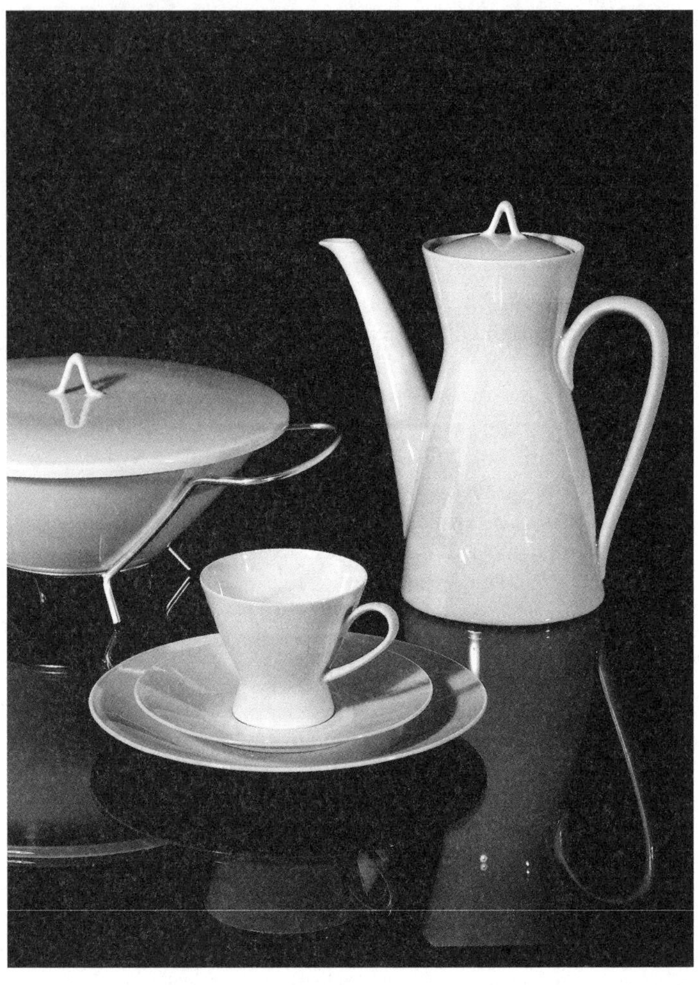

19 Raymond Loewy und Richard Latham:
Geschirr *Form 2000* für Rosenthal, 1954

reparatur und nicht zuletzt einer ergonomischen Handhabung widmen.

Der Anpassung von Produktformen an den menschlichen Körper ist eine viel beachtete Ausstellung im Museum of Modern Art (MoMA) in New York gewidmet. 1940 schreibt das Museum in Kooperation mit dem Kaufhaus Bloomingdales einen Wettbewerb zum Thema *Organic Design in Home Furnishings* aus. Gefragt sind Gestaltungsvorschläge für Mobiliar und andere Einrichtungsgegenstände in organischer Formgebung. Eero Saarinen und Charles Eames reichen das Sitzmöbel *Organic Chair* ein und gewinnen damit den Wettbewerb in der Kategorie Stuhldesign. Vom 24. September bis zum 9. November 1941 präsentiert das MoMA die von Elliot Noyes kuratierte Ausstellung mit allen Gewinnermodellen. Eames und Saarinnen werden dadurch öffentlich bekannt und erhalten als Teil ihres Gewinns Verträge für die Produktion und den Vertrieb des *Organic Chair*. Alles wird so geplant, dass das Möbelstück am Tag der Ausstellungseröffnung im Handel erhältlich ist. Die beiden Gestalter bleiben nach ihrer Zusammenarbeit im Rahmen des Wettbewerbs weiterhin dem organischen Design verpflichtet. Saarinen entwirft zum Beispiel den Kunststoffstuhl *Tulip Chair* (1956), dessen Rückenlehne an das Blatt einer Tulpenblüte erinnert, und den *Terminal 5* des John F. Kennedy Flughafens in New York (eröffnet 1962).

Charles Eames wird zusammen mit seiner Ehefrau Ray vom Möbelhersteller Herman Miller, nach Kriegsende neben Knoll Associates einer der einflussreichsten Produzenten für moderne Innenausstattung, akquiriert. Eine wichtige Rolle bei dieser Kooperation spielt George Nelson, 1946 als Design Director bei Herman Miller eingestellt und selbst innovativer Wohn- und vor allem Büromöbeldesigner der Nachkriegsmoderne. Noch im selben Jahr produziert Herman Miller die erste Möbelserie von Charles und Ray Eames aus dreidimensional verformtem Sperrholz: die *Plywood Group*. Erfahrungen mit dieser Fertigungsmethode sammelt das Paar schon während des Zweiten Weltkriegs. Im Auftrag verschiedener Flugzeughersteller und der US-Regierung experimentiert es damit, unter Hitze und

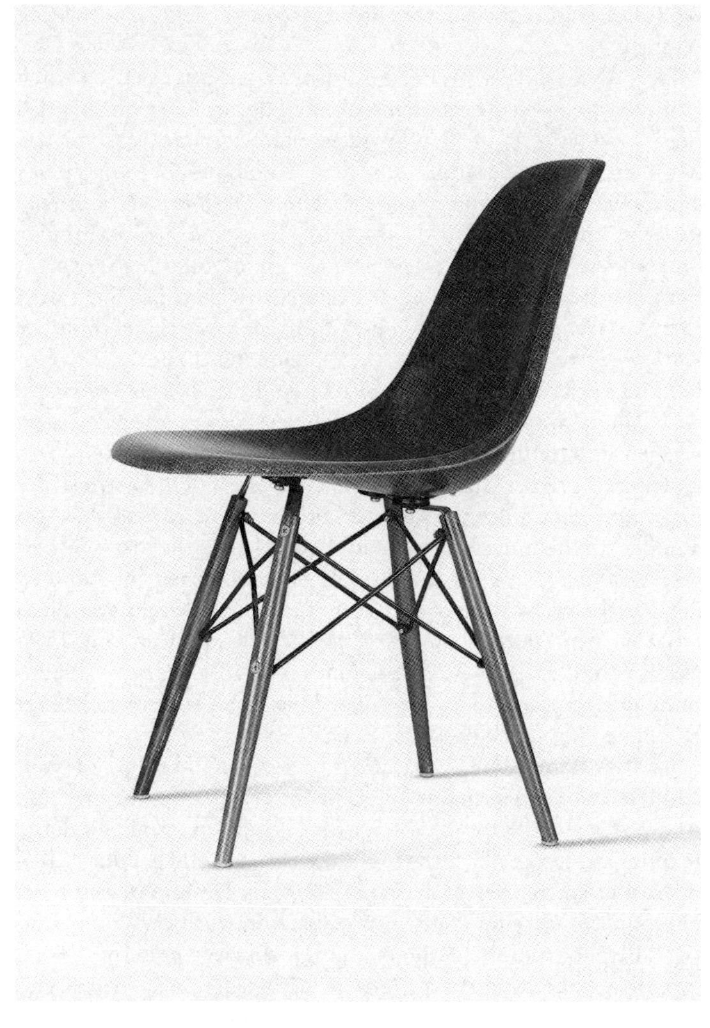

20 Charles und Ray Eames:
Fiberglass Side Chair DSW, 1950

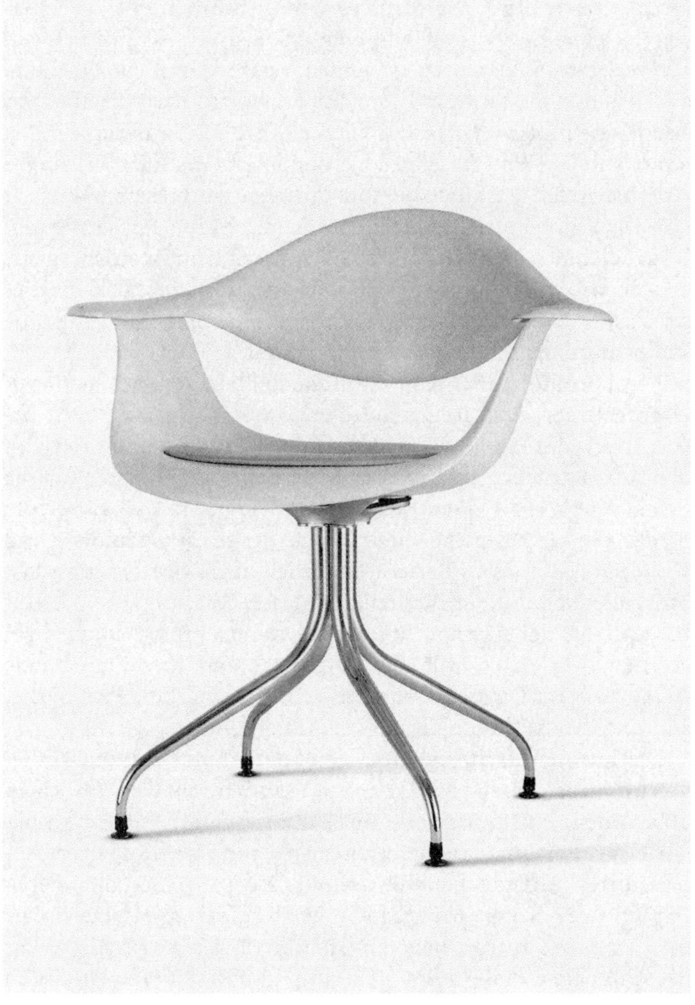

21 George Nelson: *DAF* oder auch *Swag Leg Armchair*, geht 1958 bei Herman Miller in Produktion

Druck Sperrholz zu verformen, um leichte Bauteile für Flugzeuge, schnell herzustellende Beinschienen und Krankentragen für verletzte Soldaten zu gewinnen. Später kommen Produkte aus glasfaserverstärktem Polyesterharz hinzu, etwa die ab 1950 erhältlichen *Eames Fiberglass Chairs* (Abb. 20). In Bezug auf den damals neuen Einsatz dieses Verbundmaterials im Wohn- und Arbeitsbereich ist auch Nelsons Stuhlentwurf *DAF* (Abb. 21) von 1958 zu nennen. Obgleich bei diesem Möbel Sitzschale und Rückenlehne getrennt voneinander produziert werden, weist es – ebenso wie die meisten Beispiele des *Organic Designs* dieser Zeit – bei äußerst konstruktionsgerechter Gestaltung eine skulptural-integrative Formensprache auf. Diese ist jedoch nicht nur in Formholz oder Kunststoff darstellbar, sondern auch mit Drahtgeflecht. Also folgen auf die *Eames Fiberglass Chairs* bereits 1951 die *Eames Wire Chairs* und ein Jahr später der von Harry Bertoia, einem früheren Mitarbeiter der Eames, für die Firma Knoll entwickelte *Diamond Chair*. Sein Verkaufserfolg macht diesen Sessel zu einer Ikone der Drahtsitzmöbel und sorgt dafür, dass sich Bertoia, finanziell abgesichert, fortan fast ausschließlich mit der Bildhauerei befassen kann. Nelson bleibt bis Anfang der 1970er Jahre als Designverantwortlicher bei Herman Miller; er holt neben Charles und Ray Eames eine Reihe weiterer Personen mit großem Einfluss auf die Produktgestaltung der Aufbruchjahre in das Unternehmen.

Die Europa-Lizenzrechte an den Eames'schen Entwürfen liegen ab Ende der 1950er Jahre bei Vitra. Der in Weil am Rhein angesiedelte Interieur-Produzent passt sie immer wieder aktuellen Gegebenheiten an; sie erscheinen dann in veränderten Abmessungen (entsprechend veränderter Körpermaße), in anderen Farben oder neuen Materialien. Weil Polyester als Duroplast im Gegensatz zu den neueren Thermoplasten nicht recycelbar ist, sind neben den *Eames Fiberglass Chairs* seit einigen Jahren die *Eames Plastic Chairs* mit Sitzschalen aus Polypropylen (Thermoplast) im Handel. Erkennbar ist der Unterschied an der fasrigen Oberflächendurchmusterung der älteren Glasfaserprodukte. Im Vergleich zu den homogen durchgefärbten Thermoplasterzeugnissen werden sie als wertiger angesehen und befinden sich deshalb (dank eines optimierten Fiberglasherstellungsverfahrens) noch heute im Sortiment von Herman Miller und Vitra. Überhaupt ist mit Blick auf die *Eames Fiberglass Chairs* die seit 70 Jahren wachsende Vielfalt an Sitzschalen, Farben, Materialien, Untergestellen und Polsterungen bemerkenswert.

Demokratie, Wirtschaftswunder und Nachkriegsfunktionalismus

Der Ausgangspunkt für die Weiterentwicklung des Designs ist im Nachkriegsdeutschland ein völlig anderer als in den USA. Die beträchtlichen Schäden an Infrastruktur, Gebäuden und Produktionsstätten lenken das Hauptaugenmerk fast ausschließlich auf Grundbedürfnisse: Mangel, Improvisation, Schwarzmarkt- und Tauschhandel beherrschen die ersten Jahre nach 1945. Viele Menschen müssen sich angesichts eines ideellen Vakuums und wegen fehlender materieller Mittel ein neues Leben aufbauen und versuchen, ihre Situation sukzessive zu verbessern. In einem Umfeld stark in Mitleidenschaft gezogener Fertigungsstätten und geringer Kaufkraft vermarkten Firmen wie die Württembergische Metallwarenfabrik (WMF) zunächst Lagerbestände und produzieren Artikel nach Entwürfen aus der Vorkriegszeit. Nur zögerlich entwickeln sie erste Produktideen und beginnen nach neuen Märkten und Anwendungsfeldern zu suchen.

Doch das 1947 von US-Außenminister George Marshall an der Harvard University vorgestellte Konzept zum Wiederaufbau Europas entfaltet schnell Wirkung und sorgt ab 1950 für Wachstumsimpulse und Einnahmen durch Warenexport. In dieser Aufbruchsstimmung setzen viele Unternehmen auf die in Deutschland verbliebenen Designer. Der am Bauhaus ausgebildete Wilhelm Wagenfeld gilt mit seinen Erfahrungen im Keramik- und Glasbereich als Hoffnungsträger der Industrie. Zu seinen Entwürfen gehören beispielsweise die aus tiefgezogenem Edelstahlblech hergestellten Eierbecher und Brotschalen oder das bis heute produzierte Set aus Salz- und Pfefferstreuer *Max und Moritz* (Abb. 22). Hier führt die Verbindung von Zweckmäßigkeit mit effizienter Herstellung und Materialnutzung zu einer skulpturalen Anmutung mit technischer Raffinesse (wie

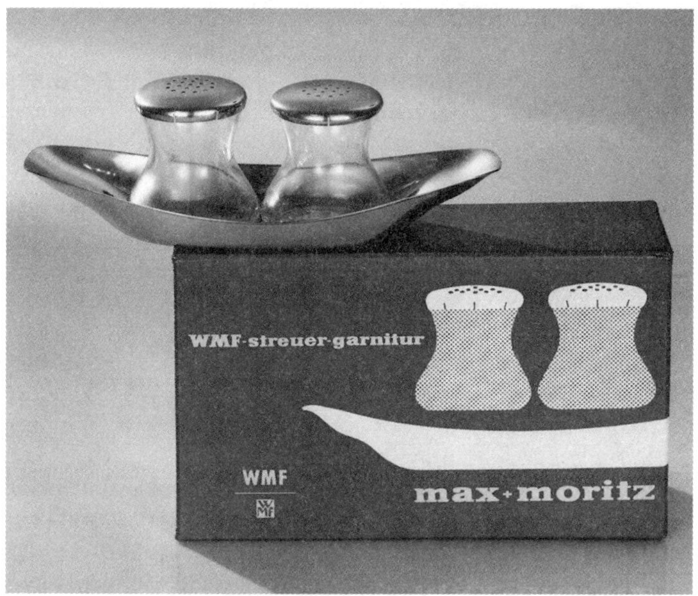

22 Wilhelm Wagenfeld: Salz- und Pfefferstreuer *Max und Moritz* im Allzweckschälchen (1953 entworfen) mit zugehöriger Verkaufsverpackung der WMF

etwa der Schnappverschluss der Deckel). Die Produkte spiegeln das Verständnis wider, dass Design nicht nur als bloße Formgebung oder als Werkzeug zur Absatzförderung angesehen werden kann, sondern Arbeit an der kulturellen Weiterentwicklung ist – mit der Absicht, die verbesserten Fertigungsmöglichkeiten der Industrie dafür einzusetzen, gebrauchsoptimierte Formen für eine zukunftsorientierte Gesellschaft zu generieren.

Bereits Ende 1945 beginnen ehemalige Werkbundmitglieder in Berlin, die Neugründung der Vereinigung vorzubereiten. Sie wollen an der Programmatik aus der Weimarer Zeit anknüpfen und heimischen Produkten durch eine hohe Gestaltungsqualität wieder zu internationaler Wettbewerbsfähigkeit verhelfen. In engem Kontakt mit der Politik soll der Werkbundgedanke sowohl in der Ausbildung von Gestaltern als auch in Industrie und Gesellschaft, vermittelt über Messen und Produktschauen, wiederbelebt werden. Mit diesem Ziel organisiert der Deutsche Werkbund 1949 die erste Wirtschaftsschau der Nachkriegszeit in den USA, Ende des Jahres folgt die Ausstellung *neues wohnen und deutsche architektur seit 1945* in Köln, und im Format der *Darmstädter Gespräche* diskutieren Werkbundmitglieder mit anderen Intellektuellen kulturelle und ethische Werte. Trotz dieser vielversprechenden programmatischen Ansätze verhindert die zergliederte Struktur, die geprägt ist von regionalen Vereinen, eine starke Wirk- und Einflusskraft der Vereinigung, wie man sie noch aus der Weimarer Republik kennt.

Von großer Bedeutung ist allerdings die Gründung des Rats für Formgebung. Auf Beschluss des Bundestags (1951) soll er unter dem Zuständigkeitsbereich des Wirtschaftsministeriums als Stiftung zur Förderung der Formgestaltung agieren. Anregungen für die inhaltliche Ausrichtung des Rats liefert nicht zuletzt eine Wanderausstellung des Schweizer Werkbunds mit dem Titel *Die gute Form*. Ihr Initiator, der Architekt und Künstler Max Bill, möchte hiermit «eine Bilanz über die Formentwicklung um die Mitte des 20. Jahrhunderts» ziehen und erhält mit den ausgewählten Exponaten in der Bundesrepublik viel Aufmerksamkeit. Auch der Rat für Formgebung wird davon angeregt und lobt ab 1969 den *Bundespreis Gute Form* aus. Sein Anliegen: Design soll die Qualität und Wettbewerbsfähigkeit von Produkten verbessern, stärken, erhöhen und so ein Antrieb für (ökonomisches) Wachstum sein. Diese Intention geht besonders deutlich aus einer Erklärung der Stiftung von 1960 hervor: Die gute Form industrieller Erzeugnisse sei kein Selbstzweck, sondern «Erscheinungsform und Ausdruck der durch Material, Verarbeitung und Funktionstüchtigkeit bestimmten Qualität eines Produkts», also «das Signum der Qualität». Der Rat und weitere Designzentren, die auf Landesebene zur Steigerung der Designqualität gegründet werden, zeigen, welch hohen Stellenwert die bundesrepublikanische Politik der Disziplin für die Entwicklung der Wirtschaft und des Exports einräumt. Eng damit verbunden ist die Forderung nach Professionalisierung der Designausbildung, was man mit der Einbindung der Designlehre an technischen Hochschulen erreicht. Die Ausrichtung am Kunstgewerblichen gehört seither ebenso der Vergangenheit an wie die Werkkunst- und Gewerbeschulen. Allerdings ist die vollständige Umsetzung dieser Transformation in der Bundesrepublik erst im Laufe der 1970er Jahre abgeschlossen.

Als die bedeutendste Pionierleistung in puncto Hochschulgründung und Erneuerung der Designlehre gilt die Hochschule für Gestaltung (HfG) Ulm. Das Denken in Strukturen und Gestaltungsprinzipien charakterisiert das Designverständnis der Institution. Ihre Gründungsgeschichte steht in Zusammenhang mit der antifaschistischen Widerstandsbewegung *Weiße Rose*, zu deren Kern die von den Nationalsozialisten hingerichteten Geschwister Hans und Sophie Scholl zählen. 1946 gründet ihre ältere Schwester Inge Scholl gemeinsam mit Otl (Otto) Aicher die Ulmer Volkshochschule (VHS), um an der Entwicklung einer humanen Gesellschaft in Deutschland mitzuwirken. Zentral sind Überlegungen wie: «Was ist ein Mensch? Was ist sein Inhalt? – Das Gefäß Mensch ist umgestürzt und will neu gefüllt werden!» Vielfältige Aktivitäten an der VHS, hochkarätig besetzte Vortragsveranstaltungen zu gesellschaftsrelevanten Themen und die positive Resonanz seitens der Bevölkerung lassen die Idee zur Gründung einer eigenständigen Lehreinrichtung reifen. Als private Hochschule mit politischem Anliegen soll die HfG Ulm international ausgerichtet sein, zu selbstständigem Denken anregen und dazu beitragen, eine gesellschaftlich verantwortungsvolle Gestaltergeneration auszubilden. Eine oft unterschätzte, jedoch essenzielle Voraussetzung für die HfG-Gründung ist der Kontakt zwischen Scholl und dem amerikanischen Hochkommissar John Jay McCloy. Denn die Hälfte der benötigten Mittel für die Geschwister-Scholl-Stiftung, die als Trägerin der Hochschule fungiert, stammt aus einem Fonds der USA und wird direkt von McCloy übergeben. Der erste Rektor der HfG Ulm, Max Bill, formuliert die damit unterstrichene demokratische Programmatik der Hochschule im Hinblick auf die Ziele des Marshall-Plans so: «der designer, der aus der ulmer schule kommt, wirkt sich in der öffentlichkeit auf 2 arten aus: 1) als verantwortungsbewußter bürger. 2) als entwerfer von produkten, die besser, billiger sind als alle anderen und dadurch mithelfen, den lebensstandard der breiten bevölkerungsschichten zu erhöhen und eine kultur unseres technischen Zeitalters zu bilden.»

1953 startet der Lehrbetrieb zunächst in den Räumen der Ulmer Volkshochschule, bis die HfG zwei Jahre später in den von Bill entworfenen Neubau auf dem Ulmer Kuhberg ziehen kann. Dieser Gebäudekomplex ist mit seiner topografischen Lage und Struktur, dem Raumplan und den verwendeten Baumaterialien auf das Prinzip der kooperativen Arbeit hin ausgelegt. Was für das große Ganze gilt, betrifft auch ein Einzelteil der Ausstattung: den für verschiedene Nutzungsweisen entworfenen *Ulmer Hocker*. An der HfG befreien sich die Studierenden in einer einjährigen Grundlehre von Konventionen; es etabliert sich die emanzipatorische Idee einer kritischen Didaktik, wonach sich aus fortwährendem Analysieren und Begründen ein selbstständiges methodisches Denken und Handeln entwickelt. Nach dem ersten Studienjahr steht der Zugang zu den Fachgebieten visuelle Kommunikation, Produktgestaltung, industrielles Bauen oder Publizistik offen. Die gemeinsame Tätigkeit von Lehrenden und Lernenden, die Campus-Atmosphäre sowie die Vernetzung von Theorie, Gestaltungsexperiment und Werkstattarbeit erzeugen in Kombination eine hohe Intensität in der Auseinandersetzung mit dem jeweiligen Betrachtungsgegenstand. Aus diesen Komponenten erwächst ein tragfähiges, vorbildhaftes Modell zu Studium und Lehre in Gestaltungsfächern.

Auf die ersten Jahre des stetigen Auf- und Ausbaus folgen Differenzen, vor allem zwischen dem Rektor Bill, der dem Bauhaus verhaftet bleibt, auf der einen Seite und den Dozenten Otl Aicher, Tomás Maldonado und Walter Zeischegg auf der anderen. Die Gruppe der jüngeren Dozenten lehnt die nach der bildenden Kunst schielenden Lehransätze der Vorkriegsinstitution zunehmend ab und setzt stattdessen auf die Integration von wissenschaftlichen Methoden und Erkenntnissen. Infolgedessen passt Maldonado die Grundlehre an die inzwischen veränderten Erfordernisse von Gesellschaft und Industrie an: «der akzent liegt sowohl bei den praktischen, als auch bei den analyti-

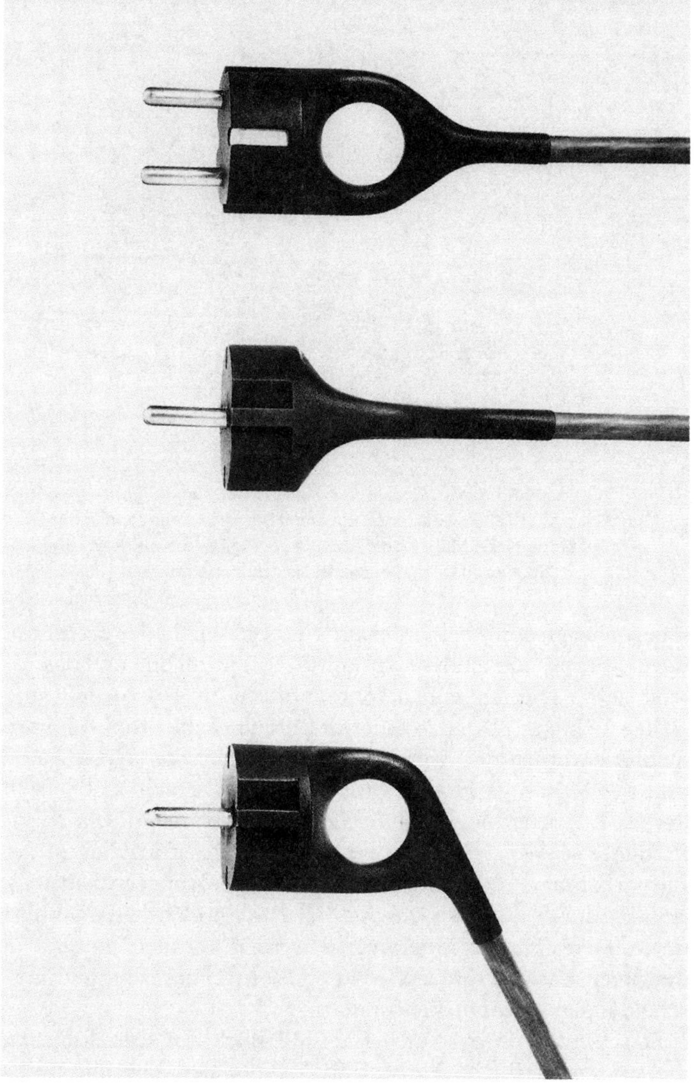

23 Aribert Vahlenbreder: Netzstecker, 1959 an der HfG Ulm gestaltet

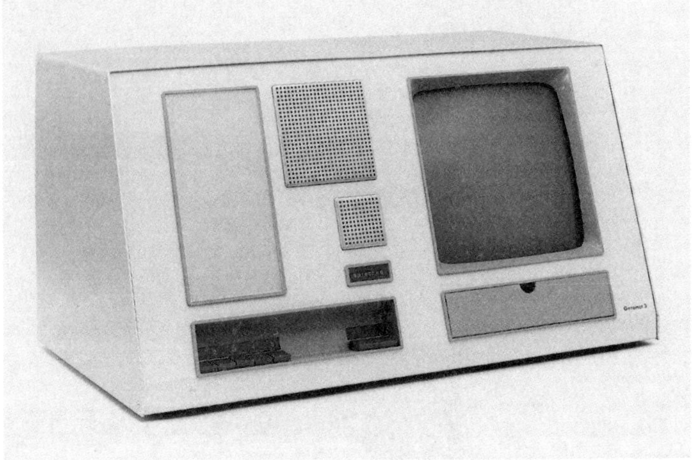

24 Thomás Maldonado: *Geromat 3,* Anfang der 1960er Jahre an der HfG Ulm für Krisensituationen konzipierter elektromechanischer Lehrautomat. Jede Multimediakonsole ermöglicht es maximal drei Studierenen, an Lehreinheiten teilzunehmen.

schen gesichtspunkten, in der produktion, wie in der rezeption, die die praxis und analyse der kulturellen probleme und das bewusstsein der gestaltenden verantwortung in den vordergrund zieht.» (Abb. 23) Um das neue wissenschaftliche Profil zu untermauern, werden der Mathematiker und Physiker Horst Rittel und der Soziologe Hanno Kesting berufen. Doch schon nach kurzer Zeit sehen sogar die Initiatoren selbst diesen Schritt kritisch. Denn Aicher und seine Gestalterkollegen machen in der Entwurfspraxis die Erfahrung, dass Designlösungen nicht vollständig durch naturwissenschaftliche Methoden herbeigeführt und diesen gänzlich unterworfen werden können, sondern in iterativen Entwurfsprozessen durch Ideengenerierung und Entscheidungen zu entwickeln sind.

Das Denken in Systemen statt mit Blick auf Einzelobjekte, die wissenschaftliche Fundierung sowohl der Ausbildung als auch der Designbewertung und die gesellschaftliche Relevanz der gestalterischen Tätigkeit vor dem Hintergrund der Massenfertigung heben die Disziplin Design auf eine neue Ebene und verhelfen den Gestaltern an der HfG Ulm zu einem selbstbewussten Berufsverständnis. Das 1958 gegründete Institut für Produktgestaltung dient der Arbeit für die Industrie und beabsichtigt, Kenntnisse aus der Praxis mit der theoretischen Reflexion in der Lehre zu verknüpfen (Abb. 24). In den am Institut angesiedelten Entwicklungsgruppen entstehen prägende Produkte und Markenbilder, beispielsweise das über 50 Jahre lang genutzte Erscheinungsbild der Lufthansa. Weitere bekannte Arbeitsresultate sind das Stapelgeschirr *TC 100*, mit dem Hans Albrecht (Nick) Roericht sein Diplom an der HfG Ulm erlangt, oder das von Dieter Raffler und Franco Clivio entworfene Bewässerungssystem mit Steckkupplung, das die Marke Gardena bis heute charakterisiert. Vor allem das Team um Hans Gugelot weist mit seinen Entwürfen die Vorteile des Systemdesigns nach. Die Bandbreite umfasst Einrichtungsgegenstände wie das Regalsystem *M125*, Haushaltsgeräte, Unterhaltungselektronik, Rechenmaschinen und technische Apparate, aber auch die Gestaltung von Großdruckmaschinen, Fahrzeugen oder der Hamburger U-Bahn. Allen Produktentwicklungen geht eine umfassende Analyse der Nutzungszusammenhänge, Fertigungsmöglichkeiten, Vertriebskanäle, gesellschaftlichen Einflüsse und sogar Wirkweise während der nutzungsfreien Phasen voraus. Dabei wird, wie Gugelot herausstellt, das Ergebnis immer als Teil der gestalteten Umwelt betrachtet: «denn es gibt bei unserer untersuchung nicht nur eine primäre beziehung zwischen dem menschen und dem produkt, sondern auch eine solche zwischen dem produkt und seiner gegenständlichen umgebung.»

Das Ulmer Konstrukt aus zukunftsweisenden Lehrmethoden, demokratischem Grundverständnis und fortgeschrittener Erkenntnis über die Verantwortung der Disziplin beeinflusst viele Designer, Firmen und Ausbildungsstätten national wie international. Trotzdem ist die Finanzierung der privaten Institution durch die Geschwister-Scholl-Stiftung immer wieder unsicher. Über die Gründe für das Ende der HfG Ulm im Jahr 1968 wird seither kontrovers diskutiert, darunter vor allem: politische Gegner mit Einfluss auf das Finanzbudget der Hochschule, institutionelle Differenzen und mangelnde Kompromissbereitschaft sowie eine veränderte Reflexion funktionalistischer Designansätze in Verbindung mit der Gesellschafts- und Konsumkritik dieser Zeit. Was neben den Produkt- und Medienmanifestationen bleibt, ist die Übertragung des Ulmer Ausbildungskonzepts auf nachfolgende Designstudiengänge im In- und Ausland.

Eine weitere Erfolgsgeschichte des deutschen Designs beginnt ebenfalls in Ulm: der Aufstieg des Elektrogeräteherstellers Braun (Frankfurt) zu einem global beachteten Designunternehmen. Aicher und Gugelot erarbeiten mit ihren Teams das Fundament einer durchgängigen Corporate Identity für das Unternehmen. Dazu gehören Werbeanzeigen mit einer neuartigen Kundenansprache, ein Messe- und Displaysystem und Produktsysteme für Hifi-Geräte und Rasierapparate (Abb. 25). Die berühmte *Radio-Phono-Kombination SK 4*, auch bekannt unter dem Namen *Schneewittchensarg*, entsteht in einer Zusammenarbeit von Gugelot mit Dieter Rams und anderen Beteiligten bei Braun. Das Produkt markiert und prägt den Wandel vom Radioempfänger als schwülstig erscheinendem Einrichtungsgegenstand zum technischen Präzisionsapparat, der durch seine visuelle Ordnung und die weiße Farbgebung für einen modernen Lebensstil und Musikgeschmack (Jazz) steht. Der gestalterische Aufbruch an der HfG Ulm spiegelt sich bei Braun in einem gleichgesinnten Umfeld, getragen von Personen wie den Brüdern Artur und Erwin Braun, dem Kunsthistoriker und Designer Fritz Eichler sowie den Vertretern der Designabteilung Dieter Rams, Gerd A. Müller und Richard Fischer. Ihr Qualitätsanspruch und Innovationsstreben bringt eine Vielzahl erfolgreicher und ikonischer Entwürfe hervor. Exemplarisch zu nennen sind Küchenmaschinen wie das Multifunktionsgerät *KM-3* oder die Trockenrasierer der *Sixtant*-Serie. Braun-Produkte repräsentieren daher in den meisten Publikationen und Ausstellungen zur Designgeschichte das Wirtschaftswunder und die Charakteristika des sachlichen und visuell zurückhaltenden deutschen Designs der Nachkriegszeit. Zu Beginn des 21. Jahrhunderts ziehen die damaligen Formkonzepte von Braun durch unüber-

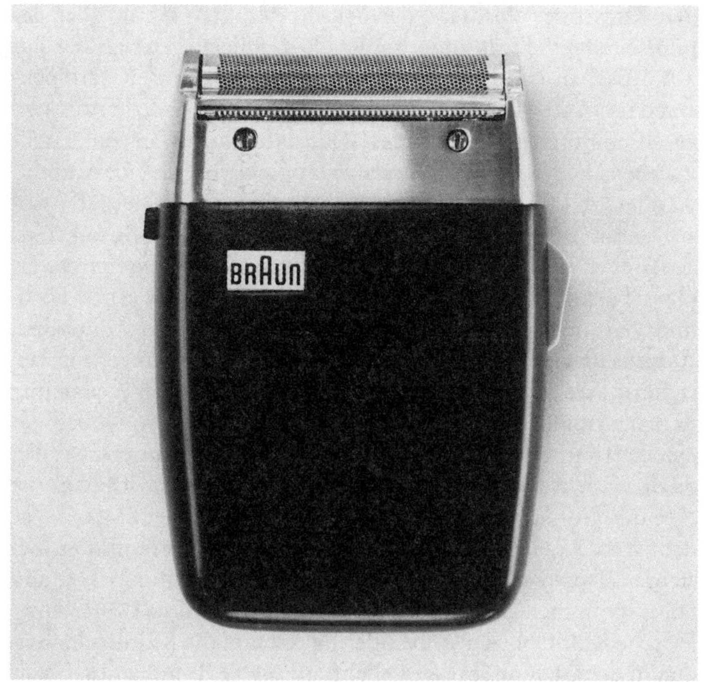

25 Rasierapparat *sixtant SM 31*, 1962 von Gerd Alfred Müller, Hans Gugelot und der Gestaltungsabteilung der Firma Braun entworfen

sehbare Ähnlichkeiten und eindeutige Zitate an Computern und Kommunikationsgeräten der Marke Apple erneut öffentliche Aufmerksamkeit auf sich.

Im Osten Deutschlands blickt man während des Kalten Kriegs äußerst skeptisch auf den westlichen Nachkriegsfunktionalismus. Das Design von Produkten und Medien rückt in der DDR zu Beginn der 1950er Jahre sogar ins Zentrum einer politischen Diskussion. In deren Verlauf wird dem sogenannten Formalismus des Westens mit einer staatlich initiierten Kampagne der Kampf angesagt. Die Aktion schließt den gesamten Kulturbereich ein und verschont die Erzeugnisse der Produktgestaltung ebenso wenig wie die Werke der Literatur, der bildenden Kunst, des Theaters, der Musik, der Architektur oder des Filmschaffens. Denn im schmucklos-sachlichen Design der kapitalistischen Länder sieht so mancher Vertreter der Ostblockstaaten ein Zeichen westlicher Dekadenz und Indizien für den gesellschaftlichen Verfall des Klassenfeinds. Man unterstellt dem westlichen Kulturschaffen, komplett von den USA unterwandert zu sein. Um die vermeintliche Gefahr von der DDR abzuwehren und gleichzeitig die Überlegenheit des Sozialismus gegenüber dem konkurrierenden System zu demonstrieren, erklärt die Sozialistische Einheitspartei Deutschlands (SED) Form und Gestaltung auf allen kulturellen Gebieten zur politischen Aufgabe. Diese Einflussnahme der Partei auf die Arbeit von Designern, Architekten und Künstlern geht unter der Bezeichnung «Formalismusdebatte» in die Designgeschichte ein, wobei von einem Streit, bei dem konträre Ansichten ausgetauscht werden dürfen, nicht die Rede sein kann. Die sogenannte Debatte ist eine diktatorische Anordnung – mit dem Ziel, die Tätigkeit ostdeutscher Kreativer nach dem Vorbild der Sowjetunion auszurichten. Dort beklagt man den Verlust an Volkstümlichkeit und landestypischer Ornamentik. Deshalb erinnert 1948 der sowjetische Kulturoffizier Alexander Dymschitz die Kulturschaffenden in der DDR an ihre Verpflichtung zur «Erfüllung des ‹sozialen Auftrages›» und zum Einsatz der gestalterischen Tätigkeit als «Waffe in ihrem Kampf» für Demokratie nach sowjetischem Verständnis.

Wie aber sieht das Gestalten im Dienst der sozialistischen Ideologie konkret aus? Auf Gebrauchsgegenständen, Drucksachen und an Gebäuden sollen fröhlich-bunte, Lebenslust versprühende Verzierungen angebracht werden, und im Sinne des sozialistischen Realismus werden kräftige, lebensbejahende Werktätige und strahlende Aktivisten voller Energie dargestellt. Darüber hinaus fordert man nationale Differenzierung nach vermeintlich volkseigenen historischen Vorläufern, das heißt: den Rückgriff auf die historischen Kunststile eines nationalen Kulturerbes zur Ornamentierung neuer Alltagswaren und Bauwerke. Kosmopolitismus, Internationalisierung und Standardisierung werden hingegen mit Imperialismus verknüpft und zu

Schimpfwörtern degradiert. Volkstümelei und das Beschwören der Gemeinschaft bestimmen, ergänzt um warnende Töne, den sprachlichen Duktus der Weisungen. Ignoriert man diese oder äußert gar Widerspruch, hat man – ob Einzelperson, Hochschule oder Produktionsbetrieb – mit Konsequenzen zu rechnen. Davon sind auch Institutionen der Vergangenheit, etwa das Bauhaus, betroffen.

Zu einem vorläufigen Ende kommt die Formalismusdebatte mit der sowjetischen Entstalinisierung unter Nikita Chruschtschow. Gleich am Anfang seiner Amtszeit als Parteichef der Kommunistischen Partei der Sowjetunion (KPdSU) spricht er sich gegen die Prachtbauten und den von seinem Amtsvorgänger Josef Stalin bevorzugten Zuckerbäckerstil aus. Die Rede zur Architektur, die Chruschtschow 1954 auf dem *Allunions*-Baukongress in Moskau hält, gilt als Auftakt zur Entstalinisierung und außerdem als architekturtheoretisches Manifest, das die Gestaltung in der Sowjetunion und der DDR nachhaltig beeinflusst.

1962 kehrt die Formalismusdebatte auf aggressive Weise zurück. Unter Bezug auf die *V. Deutsche Kunstausstellung* in Dresden werden im SED-Parteiorgan *Neues Deutschland* erneut Formalismusvorwürfe erhoben. Dieses Mal richtet sich der Tadel gezielt gegen den Ausstellungsbereich *Industrielle Formgebung* und Exponate in sachlich-standardisierter Form. Der Verriss zielt auf Vasen, Dekorstoffe, Stühle, Trinkgläser sowie Radio- und andere Elektrogeräte. Ihre Gestaltung wird als kalt, verarmt, hartkantig, unkünstlerisch und nichtssagend verurteilt. Was darauf folgt, sind erneute Gängelungen von Designern und Produktherstellern. Aber damit ist bald Schluss. Neben der Entstalinisierung besiegeln zwei weitere Entwicklungen das Ende der Formalismusthematik: Erstens bringt eine Reform des DDR-Wirtschaftssystems mehr Eigenständigkeit für die Betriebe und auch für das Design mit sich. Zweitens entzieht man den Bereich Design dem Kulturministerium und unterstellt ihn als Zentralinstitut für Formgestaltung dem Amt für Standardisierung, Messwesen und Warenprüfung, womit zwangsläufig Rationalität Einzug hält. Das hat weitreichende soziale und ökonomische Vorteile, wie beispielhaft an der Möbelbranche illustriert werden kann.

Franz Ehrlich, ehemals Student am Dessauer Bauhaus, entwirft 1956 den *Typensatz 602* für die Produktion im Volkseigenen Betrieb (VEB) Deutsche Werkstätten Hellerau. Es handelt sich bei dieser Typenserie um sogenannte Additionsmöbel, bestehend aus einzelnen Kastenelementen, die aneinander an- oder aufeinander aufgebaut werden können. Trotz ihres praktischen Nutzens lehnt das Institut für Innenarchitektur der Deutschen Bauakademie Additionsmöbel mit dem Argument ab, diese seien «nach der Methode des Sozialistischen Realismus nicht gestaltungsfähig», und fordert, solche Möbel für Wohnzwecke nicht mehr zu fertigen.

1967 bringt der VEB Deutsche Werkstätten Hellerau das von Rudolf Horn in Kooperation mit Eberhard Wüstner und anderen Beteiligten entwickelte Systemmöbelprogramm *MDW 60* (Montageprogramm Deutsche Werkstätten) (Abb. 26) heraus. Die Funktionalismusdebatte ist inzwischen offiziell beendet und die strukturellen Reformen bieten erweiterte Möglichkeiten. Durch noch stärkere Systematisierung, Rationalisierung und Orientierung an neuen Fertigungsmethoden und Vertriebsbedingungen lassen die Designer die stapelbaren Kästen der Additionsmöbel hinter sich und wenden sich dem Entwurf von Möbelsystemen zu. Im Rückblick auf diesen Schritt schreibt Horn: «Mich faszinierte [...] die totale Auflösung eines Programms in an sich nicht nutzungsfähige Elemente, die erst durch Montage unterschiedliche funktionstüchtige Strukturen ergeben. [...] Die konsequente Lösung sah ich darin, die Finalisierung des Programms in die Sphäre der Konsumtion zu verlegen und so ein individuelles Produkt zu ermöglichen. [...] Der Nutzer als Finalist, als Koproduzent, das war meine These, die sich in der späteren Praxis bestätigte.» Horn und seinen ostdeutschen Kollegen geht es bei ihrer Arbeit an Systemen ebenso wie den Designern im Westen um «größtmögliche Variabilität und Gebrauchsvielfalt», gleichzeitig um Langlebigkeit und darum, Produkte variierbar zu gestalten. Das Konzept hat Erfolg. Erstmals 1967 auf der Leipziger Messe öffentlich vorgestellt, wird

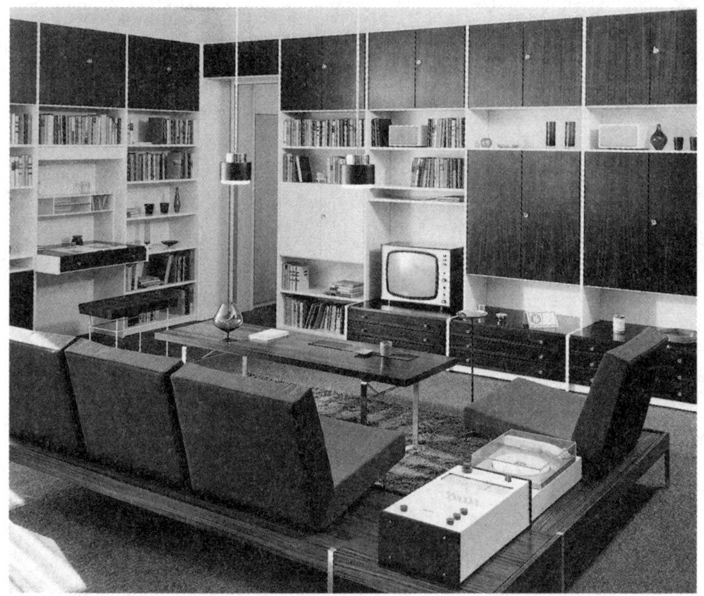

26 Rudolf Horn, Eberhard Wüstner und weitere Beteiligte: Montagemöbelprogramm *MDW 60*, ab 1967 vom Volkseigenen Betrieb Deutsche Werkstätten Hellerau produziert

das *MDW*-Programm (in Varianten) rund 25 Jahre lang gefertigt und international exportiert – mit einem Produktionsumfang von etwa 750 Millionen Mark.

Auch in anderen europäischen Ländern herrscht nach dem Zweiten Weltkrieg das Entwerfen nach funktionalistischen Leitbildern vor. Design aus Dänemark, Schweden, Norwegen und Finnland – gemeinhin unter der Bezeichnung «skandinavisches Design» zusammengefasst – ist international über viele Jahre vor allem im Bereich des Wohn- und Haushaltsbedarfs präsent. Mit seiner asketischen Erscheinung beeinflusst es auch den Nachkriegsfunktionalismus in Deutschland. Die Vorliebe für nordische, vor allem schwedische Wohnraumgestaltung setzt bei der deutschen Bevölkerung allerdings schon mit der Veröffentlichung des Buchs *Das Haus in der Sonne* (1909) ein. Der schwedische Maler Carl Larsson zeigt darin Szenen rund um sein Haus in der schwedischen Provinz Dalarna. Es ist vor allem die Inszenierung eines unbeschwerten Familienlebens in einer fröhlich anmutenden Umgebung, die im wilhelminischen Deutschland eine Euphorie für schwedische Wohnkultur und das naturverbundene Lebensgefühl auf dem skandinavischen Land entfacht. Schon bald ist Larssons Wohnhaus Sinnbild für einen neuen Lebensstil: praktisch, unprätentiös, gemütlich.

Da die Industrialisierung in den nordischen Ländern später beginnt als beispielsweise in England, Deutschland und den USA, kommt die handwerkliche Tradition bei der skandinavischen Wohnbedarfsgestaltung noch in den Nachkriegsjahren zum Tragen. Typisch für den nordischen Funktionalismus ist daher zum Beispiel eine eingeschränkte Materialvielfalt, welche die Produkte zurückhaltend wirken lässt. Die Verwendung von vorindustriellen Werkstoffen wie Holz oder Glas drücken dennoch Nahbarkeit und Konsumdemokratie aus. Anstelle von teurem Stahlrohr (wie etwa Marcel Breuer) verwendet der finnische Gestalter Alvar Aalto Anfang der 1930er Jahre gebogenes Birkenschichtholz für seinen Freischwingersessel *Model 31*. Der Däne Arne Jacobsen nutzt (wie Charles und Ray Eames) eine dreidimensionale Verformungstechnik für Schichtholz. Damit gestaltet er 1951 den *Stuhl 3100*, der aufgrund seiner starken Einschnürung im Übergang zum oberen Bereich der Rückenlehne Materialflexibilität erhält und besser unter dem Namen *Ameise* bekannt ist (Abb.27). Während dieses Möbel organische Formen aufweist, ist Jacobsens Armaturenserie *Vola* (1968 zunächst für die Dänische Nationalbank entwickelt) auf geometrische Grundformen reduziert, die additiv aneinandergefügt sind. Die formale Strenge der Armaturen geht unter anderem auf das ihnen zugrunde gelegte Baukastenprinzip zurück. Ihr Hersteller Vola und Produzenten wie Fritz Hansen, Iittala oder Bang & Olufsen stehen seit den 1950er Jahren für skandinavischen Funktionalismus und rangieren meist im sogenannten Premiumsegment.

Mit Beginn der 1960er Jahre lösen neue Entwürfe aus Italien die Hegemonie skandinavischen Designs in der internationalen

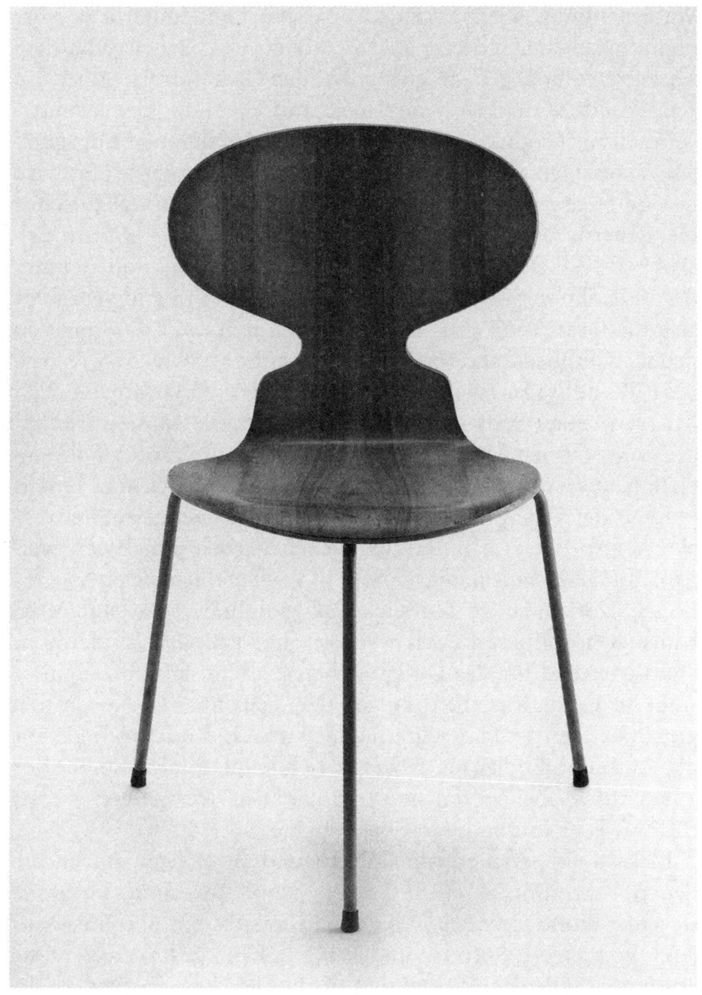

27 Arne Jacobsen: Stuhl *Modell 3100*, besser unter der Bezeichnung *Ameise* bekannt, Entwurf 1951

Wahrnehmung ab. Das südeuropäische Land unterliegt einer ökonomischen Zweiteilung. Der Süden ist landwirtschaftlich geprägt, wohingegen im reichen Norden Großindustrie für Fahrzeuge und Maschinen, aber auch mittlere und kleine Unternehmen zur Produktion von Möbeln, Haushalts- und Bürogeräten angesiedelt sind. Unabhängig von der Betriebsgröße wird Design nach 1945 zu einem zentralen Thema bei italienischen Herstellern. Was in Deutschland «Gutes Design» und in den USA «Good Design» genannt wird, firmiert in Italien unter der Bezeichnung «Bel Design». Auch in diesem Land verändert sich die Gestaltung von Alltagswaren durch die Erfindung von neuen, thermisch verformbaren Kunststoffen, wie ABS (Acrylnitril-Butadien-Styrol-Copolymerisat) oder Polypropylen (PP). Mit den neuen Werkstoffen ist die industrielle Massenproduktion von stabilen Möbeln und Gehäuseteilen in großer Formenvielfalt und zugleich aus einem Stück möglich. Darüber hinaus können die Teile preiswert und ohne einen nachgelagerten Lackierungsprozess in unterschiedlichen Farben angeboten werden. Ihr verhältnismäßig geringes Gewicht bietet weitere Optionen, vor allem im Hinblick auf Mobilität. So signalisieren Kunststoffprodukte in den 1950ern und 1960ern Modernität. Stellvertretend für das Design der neuen Kunststofferzeugnisse steht die Firma Kartell. 1949 von dem Chemiker Giulio Castelli gegründet, fertigt das Unternehmen zuerst Kunststoffteile für die Automobilindustrie, bevor es sich wenige Jahre später vor allem auf Möbel spezialisiert und damit im Design von Kunststoffinterieur führend wird.

Elektronikhersteller wie Olivetti und Brionvega nutzen die neuen Thermoplaste ebenfalls. Die Schreibmaschine *Valentine* ist eine Ikone des Bel Design und besitzt ein Gehäuse aus ABS. Von Ettore Sottsass und Perry A. King gestaltet, geht sie 1969 bei Olivetti in Produktion, ist in mehreren Farben erhältlich und inzwischen in den meisten Designsammlungen vertreten. Zum Schutz bei Transport oder Lagerung kann die Schreibmaschine in einer Box verstaut werden, muss im Gegensatz zu Wettbewerbermodellen aber nicht mit beiden Händen hochgehoben und mit angewinkelten Armen vor dem Körper getragen

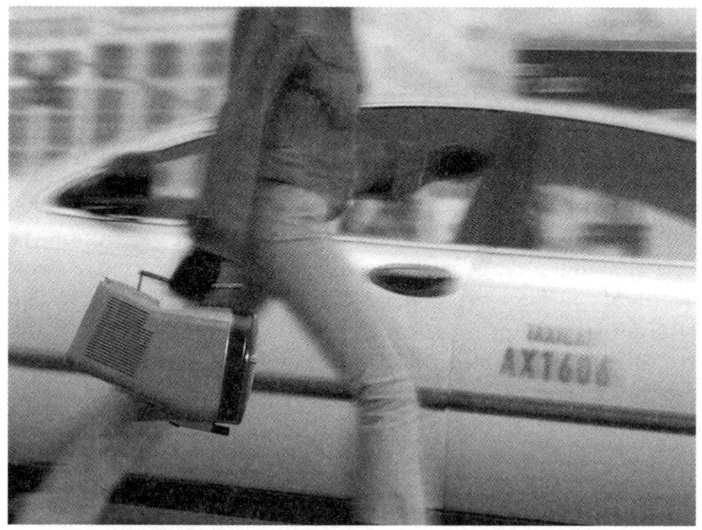

28 Marco Zanuso, Richard Sapper: *algol 11''*, tragbares TV-Gerät, das 1965 bei der Brionvega S. p. A. in Fertigung geht

werden. Ein Griff an der hinteren Abschlussfläche des Geräts erlaubt, dass die Schreibmaschine – mit oder ohne Box – einhändig wie ein Aktenkoffer mitgeführt und senkrecht abgestellt werden kann. Auf diese Weise drückt das Bürogerät Leichtigkeit und Mobilität aus, was durch entsprechende Produktwerbekampagnen verstärkt wird. Die Konzepte Mobilität, Unabhängigkeit und Modernität kommunizieren auch die Vorzüge des Fernsehgeräts *algol 11*" von Brionvega (Abb. 28). Marco Zanuso und Richard Sapper entwerfen das Produkt 1964 in enger Zusammenarbeit mit den Technikern und Marketingfachleuten des Herstellers, denn die Verwendung der damals neuen Transistortechnologie erweist sich bezüglich des Designs für eine massenhafte Fertigung als technisch anspruchsvoll. Wie die *Valentine* ist auch der *algol 11*" mit einem Tragegriff ausgestattet. Beide Produkte verkörpern die Besonderheit des italienischen Bel Design: Trotz stark rationalem Designansatz wirkt ihre Erscheinung im internationalen Produktvergleich experimentell, mitunter sogar verspielt. Die kräftigen Buntfarben der Gehäuse und die formale Gesamtkonzeption der Geräte lassen sich in Werbebildern dazu einsetzen, ein mediterran-leichtes Lebensgefühl zu transportieren. Auch dies resultiert aus einer gezielten Planung, richtet sich das Bel Design bei technischen und gestalterischen Innovationen doch vor allem an Produktionsbedingungen und mit Blick auf internationale Märkte aus. Obwohl andere Länder den Vorbildern aus Italien folgen, ändert sich allmählich die Perspektive auf das Fach. Wird das Design des *algol 11"* noch weitgehend von technologischem Fortschritt beeinflusst, wirken in den folgenden Dekaden darüber hinaus vor allem gesellschaftliche Diskurse und Theorien auf das Produktdesign ein.

Ambivalenzen der 1960er, 1970er und 1980er Jahre: Funktionalismuskritik, Radical Design, alternative Bewegungen und Postmodernismus in Koexistenz zu Space Age-Design und Popkultur

Es darf als eine der stärksten Ambivalenzen der 1960er und 1970er Jahre angesehen werden, dass der Einsatz von Kunststoffen trotz beginnender Debatten über die ökologischen Konsequenzen von erdölbasierten Werkstoffen weiterwächst. Zu groß sind die Chancen für Designer und Produzenten, mit Kunststoffen formale Spielräume zu erweitern, auf Montageschritte zu verzichten und utopische Konzepte zu realisieren. Den weltweit ersten Kunststoffstuhl, der in nur einem Pressvorgang aus glasfaserverstärktem Polyesterharz hergestellt und dabei sogar unterschiedlich gefärbt werden kann, entwirft Helmut Bätzner 1964 für die Firma Bofinger. Wie der bekanntere *Panton Chair*, den das Unternehmen Vitra 1968 in Serie zu fertigen beginnt, erfordert auch der Bofinger-Stuhl *BA 1171* (Abb. 29) eine zeitaufwendige Entwicklungsarbeit. Denn Kunststoff erweitert zwar die Optionen, trotzdem bleibt es eine Herausforderung, ein dauerhaft stabiles, stapelbares und möglichst ergonomisches Sitzmöbel mit geringer Materialstärke für die Massenproduktion zu schaffen. Aber die Mühe zahlt sich aus und beide Stühle avancieren nach ihrer Markteinführung schnell zu Leitbildern des internationalen «Plastic Designs».

Ausschlaggebend für weitere Veränderungen im Produktdesign sind Ende der 1960er Jahre vor allem gesellschaftlich-kulturelle Umbrüche, die Jugend- und Popkultur sowie theoretische Diskurse unter Gestaltern, Soziologen und Philosophen. Es ist die Zeit des Protests, der sich unter anderem gegen die Industrie, die Massenproduktion und die Konsumgesellschaft richtet. Die Kritik an Design konzentriert sich vor allem auf die Vorherrschaft von Rationalität, Vereinheitlichung und Vernunft so-

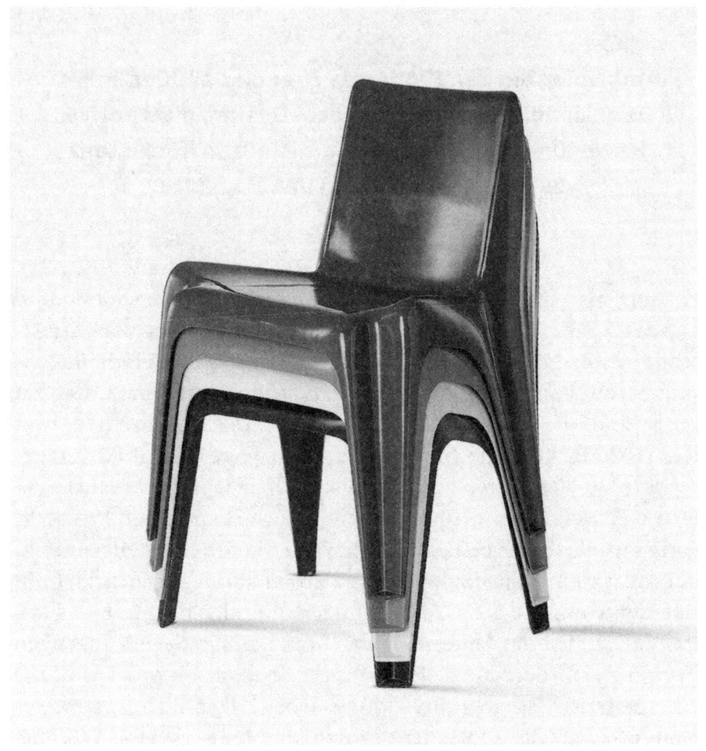

29 Helmut Bätzner: Bofinger-Stuhl *BA 1171*, 1964 für die Firma Bofinger entworfen

wie auf die hauptsächliche Ausrichtung des Entwerfens an Bedingungen der Produktions- und Nutzungseffizienz. Die nun entstehende Kritik am Funktionalismusprinzip paart sich mit den Experimenten einer Gegenkultur, woraus in Italien das sogenannte «Radical Design» oder «Anti Design» erwächst. Diese Bewegung fordert das Ordnungsdogma und die formalästhetische Strenge funktionalistischer Gestaltung zugunsten einer emotional-sinnlichen Erlebbarkeit von Artefakten aufzugeben, die Fantasie zu fördern und eine neue Mensch-Objekt-Interaktion anzuregen. Das Resultat sind Raum- und Produktutopien, deren Realisierung sich meistens auf die Verwendung von Materialien aus der chemischen Industrie stützt.

Internationale Beachtung findet das italienische Radical Design spätestens 1972 mit der Ausstellung *Italy: The New Domestic Landscape* im MoMA. Gezeigt werden 180 Einrichtungsgegenstände und elf Raumkonzepte von Designern wie Mario Bellini, Achille Castiglioni, Joe Colombo, Anna Castelli Ferrieri und Vico Magistretti. Bereits der Umschlag des Ausstellungskatalogs vermittelt die Idee: Lose Abbildungen bunter, vorwiegend aus Kunststoff gefertigter Möbel verrutschen unter einer Klarsichthülle, geraten durcheinander und erzeugen so bei jedem Bewegen des Katalogs ein neues Titelbild. Außer den typografischen Elementen orientiert sich nichts an einem Grafikraster. Alles ist in seiner Position schnell veränderbar, was zeigt, worum es geht: um unkonventionelle Designobjekte für neue Gebrauchsweisen in einer sich wandelnden, mobilen Gesellschaft. Im Vorwort des Katalogs ist zu lesen: «Das Objekt wird nicht mehr als isolierte, sich selbst genügende Entität begriffen, sondern als integraler Bestandteil der größeren natürlichen und soziokulturellen Umgebung.» Dementsprechend müssen die ausgewählten Einrichtungsstücke bestimmten Gesichtspunkten genügen, etwa flexible Nutzungs- und Anordnungsmuster erlauben oder eine soziokulturelle Bedeutung tragen. Eines der Exponate hat den Namen *Prantone*, die große Wiese. Das von der *Gruppo Strum* entworfene und ab 1971 produzierte Liegemöbel wird aus lackiertem Polyurethanschaum geformt und ist modular erweiterbar. Der Nutzer kann sich in eine Ansammlung enorm vergrößerter Grashalme – eben eine Wiese – hineinlegen, was das Objekt allerdings selbst auf den zweiten Blick kaum vermuten lässt. So ergibt sich eine Situation, in der mit Gewohnheiten gespielt wird und eingeübte Wahrnehmungen und Erfahrungen hinterfragt werden. Der *La Mamma Sessel (Donna)* von Gaetano Pesce (1969) erfüllt diesen Anspruch nach Auffassung des Ausstellungskuratoriums ebenfalls (siehe Umschlagabbildung). Gleich zwei Besonderheiten kennzeichnen das Objekt: eine technisch-praktische und eine semantische. Zuerst zum technisch-praktischen Aspekt. Der Sessel entstammt der *UP-Serie*, einer Kollektion von Sitzmöbeln, die aus einem mit Stretch-Stoff bezogenen Kern aus Polyurethanschaum bestehen. Ausgeliefert werden die Stücke in einer Art Pizzaschachtel, nachdem ihnen mittels Vakuumieren die Luft entzogen und ihr Volumen dadurch minimiert wurde. Entfernt man die Vakuumfolie, richtet sich das Möbel vor den Augen der Konsumenten quasi von selbst wieder auf, indem sich die Hohlräume des Schaums langsam mit Luft füllen. Ein weiteres Charakteristikum des *La Mamma* ist semantischer Art, denn das Artefakt setzt sich aus zwei Teilen zusammen: einem Sessel *(UP 5)*, der an einen sitzenden weiblichen Körper erinnert, und einem über eine Kordel angebundenen Ottomanen *(UP 6)* in Form einer Kugel. Mit dieser Kombination drückt das Möbel die Gefangenschaft der Frau in gesellschaftlichen Konventionen rund um die Mutterschaft aus und wird in dieser Lesart Ende der 1960er Jahre als politisches Statement der feministischen Bewegung verstanden. Wie die Verbindung aus *UP 5* und *UP 6* weisen viele Objekte des Radical Design einen soziokulturellen Bedeutungsgehalt auf. Zudem lehnen sie sich mit einer fröhlich-verspielten Anmutung an die Ästhetik der Pop Art an und laden die Nutzerschaft zum experimentellen Gebrauch der Objekte ein. Der inzwischen vielfach kopierte und imitierte *Sacco*, ein von Piero Gatti, Caesare Paolini und Franco Teodoro 1969 vorgestellter Sitzsack, sowie der 1970 in Produktion gehende *Multichair* von Joe Colombo regen stark zum Ausprobieren an. Während der Sitzsack aus einem mit Styroporkügelchen gefüllten Textilmantel besteht, unterschiedliche Körperpositionen stabilisieren kann und einem Spielzeug gleicht, lässt sich der *Multichair* mithilfe von Gelenken in unterschiedliche formale Zustände bringen und eignet sich dann jeweils zum Liegen, Anlehnen oder Sitzen. Mit solchen Einrichtungsobjekten kritisieren die Anhänger der Gegenkultur die verkrusteten Verhaltensnormen und Konsumgewohnheiten der Elterngeneration und äußern ihre Erwartung an das Design nach flexiblen, Konventionen überschreitenden Lösungen, die zu Assoziationen inspirieren. Ökologische Aspekte bleiben im Radical Design – trotz sichtlich wachsender Umweltprobleme – weitgehend unbeachtet. In einer Pressemitteilung weist der MoMA-Ausstellungskurator Emilio Ambasz immerhin auf die Herausforderungen und Ambivalenzen des Designs der 1960er und 1970er Jahre hin: «Italien hat die Eigenschaften eines Mikro-Modells angenommen, in dem eine breite Palette von Möglichkeiten, Einschränkungen und kritischen Problemen zeitgenössischer Designer auf der ganzen Welt durch verschiedene und manchmal gegensätzliche Ansätze repräsentiert werden. Dazu gehören eine Vielzahl von widersprüchlichen Theorien über den gegenwärtigen Zustand der Designtätigkeit, ihre Beziehung zur Bauindustrie und zur Stadtentwicklung sowie ein wachsendes Misstrauen gegenüber Konsumobjekten.»

Obwohl sich also eine gewisse Skepsis abzeichnet, bleiben Aufbruchstimmung, Technikeuphorie und Fortschrittsglaube in der Bevölkerung der Industrieländer bis weit in die 1970er Jahre hinein bestimmend. Motiviert sind sie hauptsächlich durch russische und US-amerikanische Raumfahrprogramme, vor allem durch die Mondlandung von 1968 und Science-Fiction-Filme wie Stanley Kubricks *2001: Odyssee im Weltall* aus demselben Jahr. Besonders populäre Objekte im Zusammenhang mit Weltraumprojekten – beispielsweise der russische Satellit *Sputnik* oder die Astronautenhelme von Neil Armstrong und Edwin Aldrin – haben eine Kugelform und entwickeln sich in kurzer Zeit zu Symbolen für Fortschritt, Modernität und eine weltoffene Lebensart. Für viele Produkte des futuristischen *Space Age Design* dienen sie als Vorbilder und beeinflussen auch den Bereich der Unterhaltungselektronik. Aufgrund der meist quaderförmigen Bauteile der Geräte eignet sich eine Kugelform für das Produktgehäuse an sich nicht. Gleichwohl zwängt man um den Preis der Volumenerweiterung und mit dem Ziel, Assoziationen zu Raumfahrt und Science-Fiction hervorzurufen, das Eckige in das Runde. Typische Produktvertreter des Raumfahrtzeitalters kommen zu Beginn der 1970er Jahre auf den Markt, zum Beispiel der Kugelfernseher *Nivico* des japanischen Herstellers JVC. Sowohl seine Gesamtform als auch der Bildschirmausschnitt drängen den Betrachtern die Verbindung zum Astronautenhelm auf. Der Lautsprecher *Audiorama 7000* von Grundig zitiert Gestaltungsdetails von *Sputnik*. Wie der Kugelkörper des Satelliten besitzt der Tonverstärker ein hochglänzendes Äquatorband, welches die Kugelform in eine obere und eine untere Hälfte teilt. Zwei Halbkugeln definieren auch die Außenform der Stereoanlage *Vision 2000* von Thilo Oerke für Rosita Tonmöbel (Abb. 30). Die obere Halbkugel ist eine um 90 Grad aufklappbare Plexiglashaube; in der unteren Schale sind alle technischen Komponenten sowie Anzeige- und Bedienelemente der Nutzungsoberfläche enthalten. Auf einen Blick wird offensichtlich, dass die erzwungene Integration von rechteckigen Bauteilen in eine runde Gehäuseform zu einer disharmonischen Formalästhetik führen kann. Im Fall der *Kugelküche* für Poggenpohl (1970) geht Luigi Colani einen Schritt weiter und kleidet den gesamten Innenraum mit einer biomorphen Kunststoffhülle aus. Eingeengt wie in einer Raumkapsel hat man in dieser Kugel sämtliche Tätigkeiten von einem zentralen Drehstuhl aus zu erledigen und über Mikrofone zu kommunizieren.

Die innovationsbeschleunigenden und medial inszenierten Raumfahrtprogramme beider Großmächte im Kalten Krieg fördern jedoch nicht nur die Utopie von einem bevölkerten Weltraum und den Glauben an unbegrenzte technische Möglichkeiten. Die erste Fotografie der Erde, aufgenommen von dem US-amerikanischen Astronauten William Alison «Bill» Anders auf der Apollo-8-Mission 1968, brennt das Bild des «blauen Planeten» – seine Schönheit bei gleichzeitiger Fragilität – in das kollektive Gedächtnis ein. So wird der Blick auf die Erde aus dem Weltall zum Sinnbild einer Bewegung, welche die Endlichkeit der Ressourcen thematisiert und sich für einen alternativen, weniger durch Konsum gelenkten Lebensstil stark macht. Beispielhaft ist die Verwendung der Fotografie auf der Titelseite des ab Herbst 1968 erscheinenden *Whole Earth Catalog*, der Produkte und Ratschläge zu Selbstversorgung, Ökologie, Pädagogik und Do-It-Yourself präsentiert, darunter auch erste Bausätze für Heimcomputer. Eindringlich ist die Metapher «Raumschiff Erde», die der Visionär und Erfinder Richard Buckminster Fuller einführt. In seinem 1969 publizierten Text *Operating*

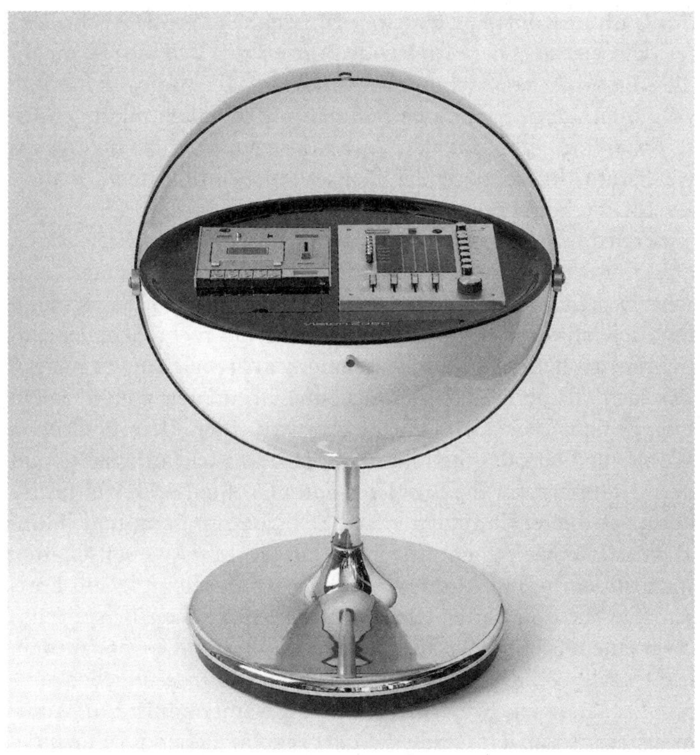

30 Thilo Oerke: Stereoanlage *Vision 2000*, die 1971 von Rosita Tonmöbel hergestellt wird

Manual for Spaceship Earth plädiert er für eine holistische, zukunftsgewandte Sichtweise auf die Probleme der Menschheit. Im Begriff «Ephemerisierung» kulminiert seine Forderung, mehr mit weniger zu erreichen. Anhand von Entwürfen zu Behausungen, Fahrzeugen oder Ideen für die Weiterentwicklung der geodätischen Kuppel weist Fuller seine Thesen konstruktiv nach. Mehr und mehr brechen sich in den Folgejahren Entwicklungen Bahn, in deren Verlauf das vorwiegend positiv gezeichnete Zukunftsbild Risse bekommt und eine unbeschwerte Ressourcennutzung erste Einschränkungen erfährt. 1972 wird der Bericht des Club of Rome zur Lage der Menschheit veröffentlicht. Unter dem vielsagenden Titel *Die Grenzen des Wachstums* macht die am MIT (Massachusetts Institute of Technology) mithilfe von computerunterstützten Simulationstechniken durchgeführte Studie auf die globalen Auswirkungen von Bevölkerungswachstum, fortschreitender Rohstoffausbeutung und Umweltzerstörung aufmerksam.

Bereits ein Jahr zuvor erscheint das viel beachtete Buch *Design for the Real World*, worin der österreichisch-amerikanische Designer Victor Papanek das Entwerfen von Konsumgütern scharf verurteilt: «Es gibt Berufe, die mehr Schaden anrichten, als der des Industriedesigners, aber viele sind es nicht.» Papanek plädiert für ein Design auf Grundlage von sozialem Engagement, das nicht die Bedürfnisse einer kleinen Gruppe Wohlhabender oder die Interessen der Industrie adressiert, sondern Lösungen für die Probleme eines Großteils der Weltbevölkerung anbietet. Ihm geht es um Selbstbestimmung und Inklusion für die Menschen in weniger privilegierten Gesellschaften statt um ein unreflektiertes Streben nach vermeintlichem Fortschritt. Mit pointierter Rhetorik und praktischen Beispielen – etwa einem Stoßfänger aus Brettern und leeren Getränkedosen, der Unfallbeteiligte besser schützt als die damals üblichen starren Stoßstangen, wie sie von der US-amerikanischen Autoindustrie produziert werden – führt er so manchen prominenten Akteur öffentlich vor und zeigt, dass ein unabhängiges Denken fernab bekannter Konventionen neue Wege eröffnet. Darüber hinaus propagiert Papaneks Arbeit Do-It-Yourself-Praktiken und stellt Bauanleitungen für Einrichtungsgegenstände zur Verfügung. Zusammen mit James Hennessey versammelt er in *Nomadic Furniture* Einrichtungsvorschläge für Menschen, die häufig den Wohnort wechseln oder sich eine Neuausstattung an Mobiliar nur schrittweise leisten können. Indem er dazu aufruft, gestalterische Expertise für soziales Engagement einzusetzen, nimmt er seine Kollegen direkt in die Pflicht: «Wir sind Designer und können ein Zehntel unserer Ideen an die 75 Prozent der Menschheit abtreten, die ihrer bedürfen.» Dadurch weitet Papanek den Wirkungsbereich der Disziplin aus und beeinflusst mit seinen Schriften, der Lehrtätigkeit an Hochschulen und diversen Ausstellungen das Design weltweit.

In Deutschland setzt sich die Disziplin ebenfalls kritisch mit gesellschaftlichen, ökologischen und ästhetischen Problemfeldern auseinander. Als geradezu vernichtend darf die Diagnose des Philosophen Wolfgang Fritz Haug bezeichnet werden. Aus seiner *Kritik der Warenästhetik* geht hervor, dass das kapitalistische System nicht länger am Gebrauchswert von Waren, stattdessen aber umso mehr an deren Tauschwert – also an der Möglichkeit, mit dem Handel von Gütern möglichst große Gewinne zu erzielen – interessiert ist. Daraufhin häufen sich in den Fachmedien funktionalismuskritische Beiträge zum Design, von denen aber kaum nennenswerte Impulse zur methodischen Auflösung sozialer und ökologischer Problemstellungen ausgehen. Anders verhält es sich am 1969 neu gegründeten Institut für Umweltplanung. In den Räumen der ehemaligen HfG Ulm erarbeiten Studierende zusammen mit ihren Dozenten im Rahmen eines Postgraduiertenstudiums und auf Basis umfassender Analysen Planungsmethoden sowie ganzheitliche Gestaltungskonzepte für Wohnen, Freizeit und Ausbildung. Obwohl sich diese Bildungseinrichtung nur für drei Jahre halten kann, gibt sie wichtige Denkanstöße. Jochen Gros stellt beispielsweise die Eingrenzung des Funktionalismusbegriffs auf ausschließlich technisch-praktische Produktfunktionen infrage und öffnet ihn für komplexere Formen des Objektzugangs, etwa semantischer, emotionaler Art. Aus diesen Überlegungen heraus entwickelt er ein Theoriegebäude, in dem die Vermittlung von Bedeutungen ins Zentrum des Designs rückt. Gros beschreibt die Kommunikationsfunktionen eines Produkts als noch nicht ausreichend betrachtetes Aufgabengebiet im Design und stellt fest: «Die Produktgestaltung ist im allgemeinen noch weit davon entfernt, Identifikationsprozesse zu planen, ihre Chance mit klaren Zielvorstellungen zu nutzen. Dabei besitzt gerade die Umweltgestaltung einen beträchtlichen ‹Marktanteil› am präsentativsymbolischen Kommunikationsgeschehen.» An der Hochschule für Gestaltung Offenbach, die 1970 aus einer Werkkunstschule hervorgeht, entwickelt Gros diesen Ansatz mit Kollegen zur *Theo-*

rie der Produktsprache weiter. Dort thematisiert er außerdem Fragen zur Obsoleszenz und gründet in Kooperation mit Studierenden die Gruppe *Des-In* (Design-Initiative). Unter der Losung «Weniger Konsum durch mehr Sinnlichkeit» reifen in Offenbach erste Entwürfe zu einem Recyclingdesign und die Idee, dass Gestaltung einen alternativen Lebensstil als attraktiv vermitteln kann. Das in diesem Zusammenhang oft besprochene Reifensofa (Abb. 31) visualisiert diese Idee auf plakative Weise und wird zu einem Symbol des frühen Ökodesigns in Deutschland, wenngleich es die Ziele eines neuen Mensch-Produkt-Verhältnisses verkürzt transportiert.

Nach der Erweiterung des Funktionsbegriffs im Design erfährt der Leitspruch des Funktionalismus «form follows function» zahlreiche Ergänzungen, zum Beispiel «form follows fun», «form follows emotion» oder «form follows fiction». Vielfalt, Pluralismus und Koexistenz avancieren zu neuen Schlagwörtern; das Design wird postmodern. Den Anfang dieser Entwicklung markiert der Vortrag *The Case for Post-modernism*, den der US-amerikanische Literaturwissenschaftler Leslie A. Fiedler 1968 in Freiburg im Breisgau hält. Er fordert dazu auf, sich nicht mehr am Maßstab der Moderne zu orientieren, sondern eine Verknüpfung von Elite- und Massenkultur anzustreben. Fiedler tritt dafür ein, die Grenzen zwischen der einfach geschriebenen, populären Literatur auf der einen Seite und den Werken der sogenannten Hochkultur auf der anderen Seite aufzuheben, um Vielgestaltigkeit, Individualität und kulturellen Variantenreichtum zuzulassen. Der Begriff der Postmoderne ist somit in heutigem Sinn geprägt und hält ausgehend von der Literaturwissenschaft Einzug in die Geistes- und Sozialwissenschaften. In diesem Zusammenhang stellt der französische Philosoph Jean-Francois Lyotard das Ende der «Metaerzählungen» fest. Das bedeutet: Die großen Erzählungen – zentrale Prinzipien, mit denen die Moderne auf sämtliche Fragen aus diversen Bereichen antwortet und die alles legitimieren – können keinen Ausschließlichkeitsanspruch mehr erheben. Sie werden ersetzt durch ein Nebeneinander von unterschiedlichen, sich zum Teil sogar widersprechenden Konzepten, Ideen und Lö-

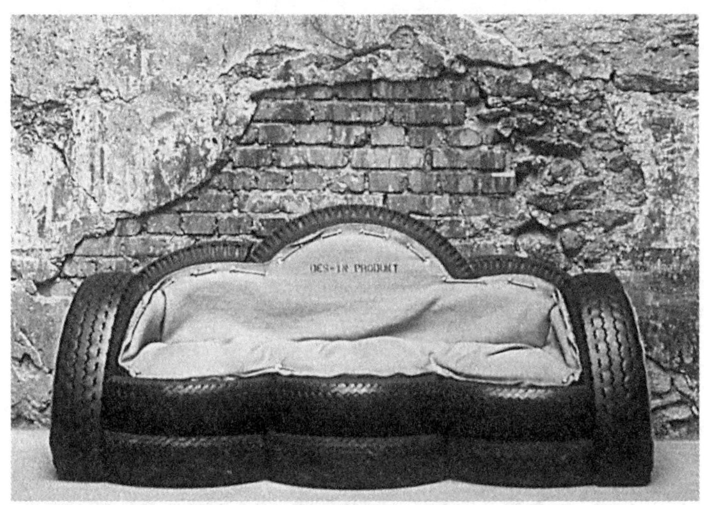

31 Recyclingmöbel Reifensofa (1974) von Jochen Gros und der Initiative *Des-In* an der HfG Offenbach am Main

sungsansätzen. Laut seinem Fachkollegen Wolfgang Welsch liegen «Postmoderne Phänomene» folglich überall da vor, «wo ein grundsätzlicher Pluralismus von Sprachen, Modellen und Verfahrensweisen praktiziert wird, und zwar nicht nur in verschiedenen Werken nebeneinander, sondern in ein und demselben Werk». Vor dem Hintergrund dieser philosophischen Diskurse erklären sich auch Veränderungen im Bereich der Produktästhetik.

Im Design stellt das 1976 in Italien gegründete *Studio Alchimia* einen der ersten Schritte in Richtung postmoderner Gestaltung vor. Die Gruppe um Alessandro Mendini äußert sich auf vielen Ebenen; ihre Arbeit reicht von der Entwurfsverweigerung, theoretischen Diskursen und der rein konzeptionellen Beschäftigung mit lediglich gezeichneten Produktutopien, über die Verballhornung funktionalistischer Ikonen (wie dem *Thonet Stuhl Nr.* 14) und das Herstellen schrill dekorierter Unikate aus Massenartikeln des alltäglichen Bedarfs (*Banal-Objects*) (Abb. 32), bis hin zu collagenartig aus Halbfabrikaten zusam-

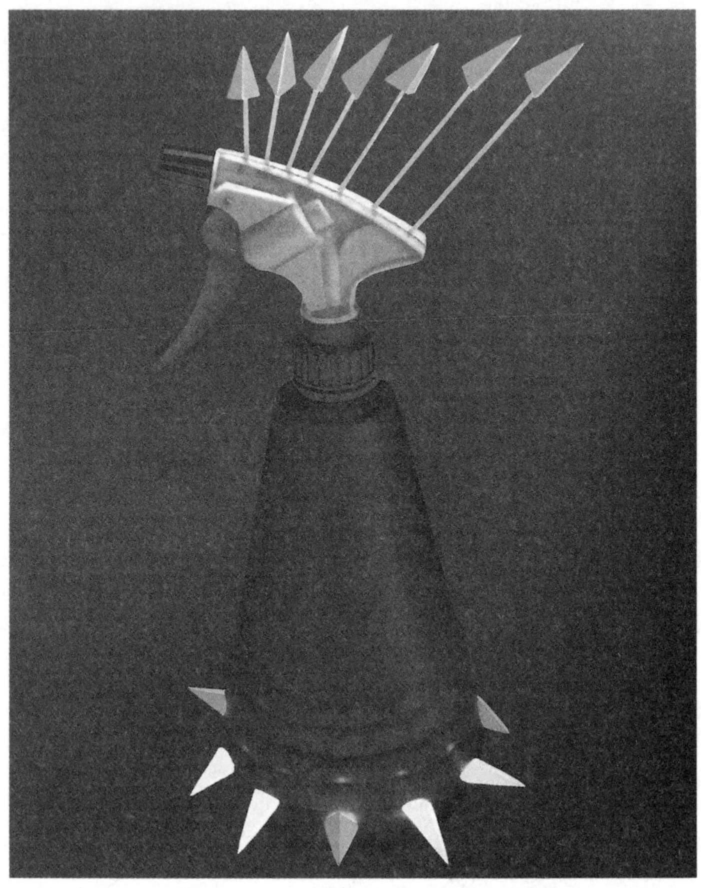

32 *Banal Design* Objekt von Alessandro Mendini, 1980

mengesetzten Möbeln, die man aufgrund ihrer Bunt- und Verspieltheit in Kinderzimmern vermuten würde. Alle diese Produkte erscheinen ironisch überhöht und symbolisch aufgeladen, vermischen unterschiedliche Stile, sind expressiv sowie formal äußerst komplex. Bisher dominante Aspekte wie Nüchternheit und Rationalität werden durch Emotionalität und Einbildungskraft ersetzt. Insbesondere die *Banal-Objects* veranschaulichen, wie sehr es bei *Alchimia* auch darum geht, etwa mithilfe von hinderlichen Applikationen praktische Produktfunktionen einzuschränken oder außer Kraft zu setzen. Während Mendini dies als Ausdruck von Gesellschaftskritik interpretiert, sehen andere darin einen tiefgreifenden Kultur- und Designpessimismus.

Weil einige Mitglieder diesen Weg nicht weiter mitgehen möchten und sich von der Industrieskepsis bei *Alchimia* abwenden, bildet sich 1980 um Ettore Sottsass eine neue Vereinigung aus Gestaltern: die Mailänder Gruppe *Memphis*. Auch ihr Design ist zeichenhaft, narrativ und ironisch, vermischt Stile und Materialien, eröffnet Raum für Fantasie und provoziert durch Grenzüberschreitungen. Jedoch stehen die Mitglieder von *Memphis* der industriellen Fertigung sowie dem Entwerfen mit kommerzieller Absicht grundsätzlich positiv gegenüber, wenngleich ihre Produkte ebenfalls nicht für die Massenproduktion gedacht und nur für wenige Konsumenten erschwinglich sind. Allerdings verwendet Ettore Sottsass für sein Regal *Carlton* (1981) (Abb. 33) keine wertvollen Materialien. Die als billig verpönte Verplankung mit kunstharzbasiertem Schichtstoff, bisher hauptsächlich für kostengünstige Küchenarbeitsplatten verwendet, wird dank *Memphis* im hochpreisigen Möbelsegment salonfähig und kommt auch bei *Carlton* zum Einsatz. Das Objekt soll als Regal oder Raumteiler dienen, erfüllt nach funktionalistisch-rationalen Maßgaben aber keinen dieser beiden Zwecke optimal, sondern eignet sich vielmehr als Raumdekoration und zur Verkörperung einer metaphorischen Zeichenhaftigkeit. Ebenso verhält es sich mit der Tee- und Kaffeegarnitur *Tea & Coffee Piazza* von Michael Graves für Alessi. Wie viele Einrichtungs- und Haushaltsgegenstände postmoderner Entwerfer bildet das Geschirr urbane Architektur im Miniaturformat nach; es verweist semantisch also auf etwas anderes denn auf die praktische Funktion und Handhabung von Kaffeekannen oder Zuckerdosen. Kulisse und Inszenierung haben das Primat vor Nutzungseffizienz und Gebrauchstauglichkeit. Neben solchen Erscheinungen, der Kombination von kostengünstigen mit edlen Werkstoffen, neuen Produktornamenten wie dem *Bacteria*-

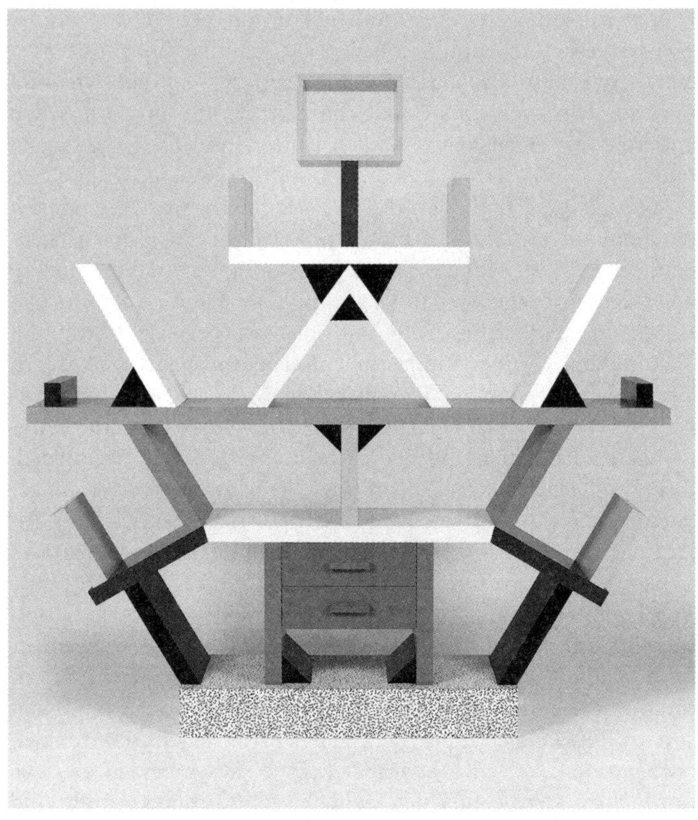

33 Ettore Sottsass: Regal *Carlton* aus dem Katalog der Gestaltergruppe *Memphis Milano*, 1981

Muster (unter anderem am Fuß von *Carlton* zu sehen) und der gezielten Einbindung von Kitsch fällt angesichts des postmodernen Designs der 1980er Jahre vor allem die Konzentration auf geometrische Grundformen und deren additive Aneinanderfügung auf. Zwar findet diese Ästhetik sowohl beim breiten Publikum als auch in exklusiven Käuferkreisen Zustimmung, Widerspruch regt sich trotzdem – und das vor allem bei prominenten Vertretern der Nachkriegsmoderne.

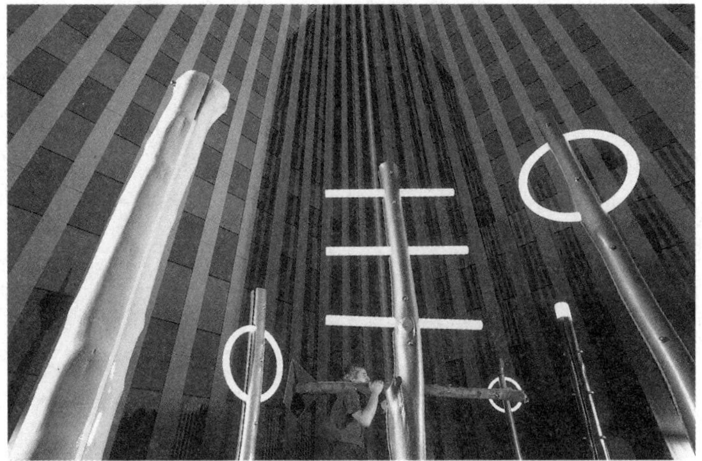

34 Heiko Bartels, Harald Hullmann: *Baumleuchte* in unterschiedlichen Varianten, Entwurf 1980

Analog zu *Alchimia* formiert sich das *Neue Deutsche Design* in den 1980er Jahren als Gegenposition zum sachlichen Gestaltungsparadigma und der *Guten Form*. Vor allem im Möbelbereich fordert die schrille, vielfach aggressiv anmutende Gestaltung mit ihren Materialcollagen und ungewöhnlichen Motiven die auf Funktionalität und Ergonomie fokussierte Disziplin Design heraus. Um durch Experiment und Improvisation in einer Werkstattumgebung neue Ausdrucksmöglichkeiten zu finden, gibt man die Arbeitsteilung auf. Unbearbeitete Materialien wie Astholz und industrielle Halbzeuge werden mit kulturhistorischen Versatzstücken zu ironischen Statements assembliert. Produkte wie der Betonfreischwinger *Solid* von Heinz H. Landes, der aus einem Einkaufswagen gefertigte Sessel *Consumer's Rest* von Stiletto (alias Frank Schreiner), der *Kellerfenster-Schrank* von Ulrike Holthöfer und Axel Kufus oder die aus lackiertem Knüppelholz bestehenden *Baumleuchten* (Abb. 34) der Gruppe *Kunstflug* zeigen die gestalterische Bandbreite der Strömung – und das Ausloten der Grenzen zur bildenden Kunst. Nicht nur, dass sich die Entwürfe der seriellen Herstellung in größeren Stückzahlen entziehen, sie sind auch nicht im Einzelhandel oder in Warenhäusern zu finden, sondern werden in Galerien zum Kauf angeboten oder in Ausstellungen präsentiert. Die massenhafte Verbreitung der Ästhetik des *Neuen Deutschen Designs* erfolgt medial. Dies mündet einerseits in einer breiten öffentlichen Wahrnehmung des Fachs, andererseits kehrt dadurch die Diskussion um die längst überwundene Vermengung von Design und Kunsthandwerk zurück.

Millenniumswechsel: Entmaterialisierung, Digitalisierung, Rapid-Protoyping und Vergangenheitssehnsucht

Auf die formal komplexen, manchmal irritierenden und oft narrativ überfrachteten Designentwürfe der 1980er folgt zum Abschluss des 20. Jahrhunderts eine Dekade, die sich durch eine versachlicht wirkende Gestaltung auszuzeichnen scheint. Doch dieser Eindruck täuscht. Gibt sich das Produktdesign zum Millenniumswechsel auf den ersten Blick einfach und reduziert, trägt es doch die Spuren eines äußerst wechselhaften, von Krisen und Fortschritt durchzogenen Jahrhunderts und erweist sich bei näherer Betrachtung als höchst heterogen. Einige Produkte rekurrieren auf den Nachkriegsfunktionalismus im Sinne der Guten Form, etwa der Stapelstuhl *SIM* (1999) von Jasper Morrison. Andere führen domestizierte Anleihen aus den Experimenten des Radical Design mit. Das Möbel *Three Sofa de Luxe*, das Morrison 1991 für Cappellini entwirft und dessen wellenartige Liegefläche an Verner Pantons bekannte Wohnlandschaft auf der Kölner Möbelausstellung 1970 denken lässt, ist unverkennbar ein Zitat des 1960er-Jahre-Designs. Ebenso verhält es sich mit so manchem Erzeugnis der Firma Artificial Inflates, zum Beispiel mit dem Eierbecher von Michael Sodeau (Abb. 35) oder der Hängeleuchte *Ufo*, 1998 von Nick Crosbie entworfen, bei der sowohl die Idee des aufblasbaren Objekts als auch die Formensprache der Weltraumpioniertage fortbestehen.

Mit dem Ausklang des Jahrtausends weckt eine neue, in England ansässige Gestaltergeneration verstärkt internationales Interesse, neben Jasper Morrison unter anderen Ron Arad, Ross Lovegrove, Bill Moggridge, Marc Newson, Tom Dixon und James Irvine. Nicht selten erhalten sie Aufträge von renommierten Herstellern außerhalb Großbritanniens, zum Beispiel Kartell, Moroso, Iittala oder Mercedes Benz. Einige dieser Designer

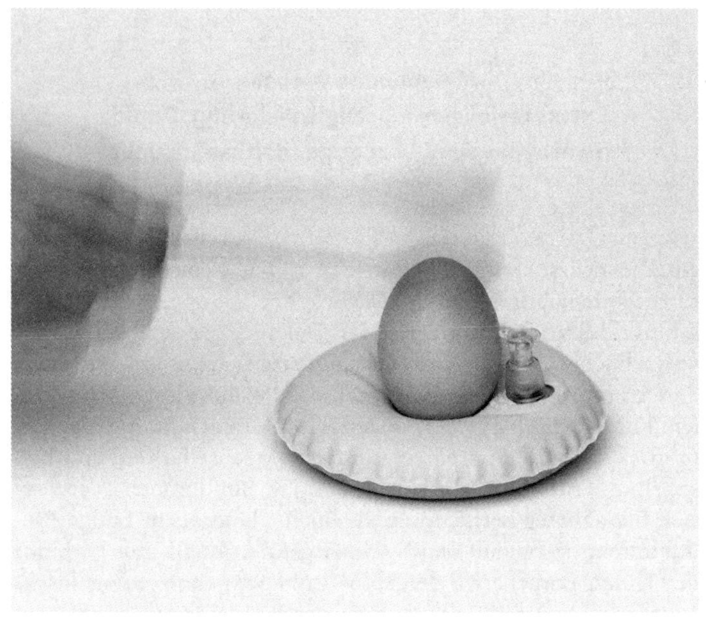

35 Eierbecher von Michael Sodeau für Artificial Inflates Ltd., 1995

folgen in puncto Selbstverständnis postmodernen Vorbildern, inszenieren sich ähnlich dem Franzosen Philippe Starck als Künstler, die eher mit eindrucksvoll-pompösen Sesselskulpturen (Ron Arad: *Before Summer*, 1992) als durch die anonyme Gestaltung von Alltagswaren Ansehen erlangen. Getragen wird der öffentlichkeitswirksame Starkult im Design vor allem von Ausstellungsmachern und Hochglanzmagazinen. Quantitativ sind die Leistungen der im Rampenlicht stehenden Kreativen allerdings vernachlässigbar. Während sie ein relativ kleines Feld der Möbel- und Interieurgestaltung bespielen, arbeitet eine weitaus größere Anzahl von Designern an der Fortentwicklung des sogenannten *Semantic Turn* und widmet sich zum Beispiel der Aufgabe, Computertechnologie unter Verwendung von Analogien, Metaphern und anderen kommunikativen Elementen für eine breite Anwenderschaft zugänglich zu machen.

Den meisten Entwürfen – insbesondere im Bereich Mobilität, Haushalts- und Unterhaltungselektronik – ist eine integrative Formensprache gemein. Der Schwerpunkt liegt auf einer Gestaltung, die denkbar viele Produktbestandteile in einer Gesamtform vereint und Übergänge zwischen einzelnen Bauteilen (etwa zwischen Fahrzeugkörper und Stoßfänger) so wenig wie möglich erkennbar werden lassen soll. Jedoch basiert die dadurch entstehende visuelle Ordnung der Objektform auf komplexen Freiformgeometrien, die oftmals nur mithilfe neuer Computerprogramme in die Serienfertigung überführbar sind.

Als weiteres Relikt der italienischen Postmoderne-Avantgarde kann die Applikation von Produktdekor selbst auf hochwertigen Erzeugnissen angesehen werden. Hersteller wie die Glaswarenfabrik Ritzenhoff werden Anfang der 1990er Jahre populär, weil sie ihre formal-sachlichen Trinkglaskollektionen mit auffallenden, zum Teil exzentrischen Ornamenten versehen. Ritzenhoff-Gläser stehen damit als Sinnbild für die wiedererwachte Ästhetisierung der Produktoberfläche und avancieren zu beliebten Sammlerstücken. Auch bei größeren Objekten wie Automobilen zeigt sich die Hinwendung zu Oberflächenvarianten. 1994 präsentiert Volkswagen das Polo-Modell *Harlekin*. Die sichtbaren Bauteile des Fahrzeug-Exterieurs sind in vier Farben gehalten, die den Anschein erwecken, von Exemplar zu Exemplar willkürlich zusammengewürfelt worden zu sein. Zunächst soll das bunte Fahrzeug als Marketinginstrument fungieren und das neu eingeführte Baukastenprinzip zur individuellen Kombination von Ausstattungselementen veranschaulichen. Doch als das Auto mit der ungewöhnlichen Farbgebung Kaufinteresse hervorruft, geht es als Sondermodell in Serie. In der Produktion ist dafür ein Zusatzschritt nötig: Einfarbige Polo-Modelle werden demontiert, um sie daraufhin nach vier unterschiedlichen Farbmustern wieder zusammenzusetzen.

Eine andere zum Ende des letzten Jahrhunderts stark favorisierte Art der Oberflächengestaltung ist die Verwendung von transluzenten Kunststoffen, vorzugsweise in kalten Farbtönen wie Türkis oder Blau. Produktgehäuse, Aufbewahrungsbehältnisse oder Schutzhüllen aus solchen Materialien erhalten in den

Entwürfen der 1990er Jahre zwar oftmals eine einfache Außenform, die Sicht auf technische Bauteile im Produktinneren erzeugt indessen eine komplexe Gesamterscheinung. Ein Überblick über die zunehmend undurchschaubaren technischen Vorgänge und Eingriffsoptionen wird suggeriert, tatsächlich nimmt die Reparierbarkeit der Produkte aber stark ab.

Des Weiteren kommt zum Millenniumswechsel eine Retro-Bewegung auf, deren Design sich auf die Formen von beliebten oder ökonomisch erfolgreichen Vorgängerprodukten bezieht. Besonders auffallend zeigt sich das Retro-Design im Automobilbereich. Den Anfang der prominenteren Beispiele markiert der *New Beetle* von 1997. Es folgen der von Chrysler produzierte *PT-Cruiser*, als dessen Vorbild der *1940 Chevrolet Suburban* dient, sowie das BMW-Modell *Z8*, das in Referenz auf den 1955 erschienenen *BMW 507* gestaltet ist. Mit der wiederbelebten Marke Mini erreicht die Retro-Welle kurz darauf auch das Gebiet der Kleinwagen, wo sie – man denke an den *Fiat 500* – bis in die Gegenwart deutlich sichtbar ist.

Parallel zur formalen Orientierung an Vergangenem halten computergestützte Technologien Einzug in sämtliche Lebensbereiche. Im Zuge der digitalen Revolution verändern sie die Arbeitswelt, die Waren- und Medienproduktion, die Alltagserfahrungen, den Umgang mit technischen Geräten sowie die Praxis des Produktdesigns. Die konzeptionellen Grundsteine für diese Entwicklungen werden früh gelegt. Schon in den 1950er Jahren beginnt die dialogische Interaktion mit Computern, die einem individuellen Bezug zwischen Mensch und Rechenmaschine beziehungsweise Anwender und Programm den Weg bereitet. Nachdem *Joystick* (1955) und *Light Pen* (1957) erfunden sind, lotet der Computertechniker Douglas C. Engelbart auf strukturierte Weise neue Wege der menschlichen Dateneingabe aus und erfindet mit seinem Team beispielsweise Fußschalter und vor allem die Computermaus sowie eine frühe Form des Datenhandschuhs. Aus der Perspektive des Psychologen beschreibt Joseph Carl Robnett Licklider 1965 ein multimediales *Universal-Interface* und Christian Paul Charles Lesage erhält im gleichen Jahr das Patent für den *Touchscreen*. Als nächstes widmet man sich der Gestaltung von Schnittstellen, woraus die Desktop-Metapher hervorgeht.

Ab 1970 sammeln sich viele Vordenker im kalifornischen Xerox Palo Alto Research Center (Xerox PARC), wo wegweisende Technologien, darunter die Netzwerktechnik (Ethernet), der Laserdrucker, die grafische Benutzungsoberfläche (GUI) oder das *Dynabook* als Studie für einen Tablet-Computer, erdacht werden. Doch der Mangel an zuverlässigen und zugleich kostengünstig produzierbaren Komponenten verzögert zunächst die Entwicklung. Erste Vorboten sind Produkte, die durch eine signifikante Verkleinerung ihrer elektronischen Bauteile Flexibilität und Mobilität bei der Produktnutzung erlauben, wie das 1979 von Sony vorgestellte Mini-Kassettengerät *Walkman*. Taschenrechner mit Mikroprozessoren schaffen ab 1972 das technische Fundament für tragbare Computer, Unterhaltungs- und Kommunikationsgeräte. Eine stetige Miniaturisierung und Entmaterialisierung führt dabei zu einer Entkopplung der Außenform von der inneren Produktstruktur. Wolfgang Welsch schreibt dazu: «Früher, bei mechanischen Apparaturen, war es völlig anders. Ein Rad oder eine Pleuelstange gaben schon von ihren funktionellen Erfordernissen her ihre Gesamtform vor. Man konnte allenfalls noch Ornamente anbringen, aber man konnte sie ebenso gut weglassen, also ließ man sie – konsequent und zurecht – weg. Heute aber ist die Großform per Definition Ornament. Sie ist ein frei wählbarer, ein immer auch anders möglicher, nur ein in irgendeiner Form überhaupt nötiger Zusatz. Die gestalterische Freiheit hat dadurch bislang unbekanntes Ausmaß erreicht.» Da die Arbeitsweise der integrierten Schaltkreise von außen nicht mehr wahrnehmbar ist, werden die Apparate zur Black Box, deren Funktionen nur noch über Zeichen und Bedeutungen, also semantisch vermittelt werden können. Im Fall von Unterhaltungsgeräten äußert sich diese Freiheit bei der Gestaltung von Produktgehäusen unterschiedlich: Zum einen finden sich formal verspielte Beliebigkeiten, wie am mobilen Radio-Kassetten-Gerät *Roller* (1986) von Philips. Zum anderen nutzt man etwa bei Sony den ornamentalen Charakter der Außenform zur zielgruppenspezifischen

Ausdifferenzierung der markeneigenen Produktpalette mit der Intention, neue Marktpotenziale zu erschließen.

Bei Mikrocomputern – also Homecomputern und Personal Computern – dominiert hingegen vielfach der utilitäre beigegraue Kubus. Vorreiter für Designorientierung auf diesem Gebiet ist Steve Jobs, der nach ersten Erfolgen mit Hartmut Esslinger von FROG Design die Designsprache *Snow White* entwickelt und mit dem *Apple IIc* in den Markt einführt. Parallel dazu treibt Susan Kare mit den Grafiken, Schriften und Icons des Macintosh-Betriebssystems maßgebliche Neuerungen bei der Gestaltung grafischer Interfaces voran. Vor allem figürliche Motive wie die Armbanduhr, die Bombe bei Fehlermeldungen oder der *Happy Mac* beim Hochfahren des Systems sorgen für einen emotionalen und vor allem verständlicheren Zugang zur Informationstechnologie. Nach einer ökonomisch schwierigen Zeit verhilft der All-in-one-Computer *iMac G3* (1997) (Abb. 36) dem Apple-Konzern wieder zu internationaler Beachtung. Das unter der Leitung von Jonathan Ive gestaltete, in Buntfarben gehaltene halbtransparente Gehäuse gibt die gestalterische Richtung für das User Interface vor. Die enge Verknüpfung von Hard- und Softwaredesign darf als ein typisches Merkmal der Marke Apple bezeichnet werden. Gepaart mit Vereinheitlichung und Simplifizierung durch eine Reduktion der Optionen vermittelt sie Nutzern den Eindruck, Apple-Computer wären einfacher und sicherer zu bedienen als Konkurrenzprodukte. Bis zum Millenniumswechsel erreicht die Verschmelzung von Hard- und Software bei Apple eine weitere Ebene. In Kombination mit der kostenlosen Software *iTunes* und einer (später eingeführten) Kaufplattform für Musiktitel mit einheitlichem Preis leitet das tragbare Musikabspielgerät *iPod* 2001 eine Transformation der Musikindustrie ein. Und das *iPhone* setzt daraufhin den Siegeszug der kompakten IT-Geräte fort. Das Smartphone wird 2007 als erstes Mobiltelefon ausschließlich mit einem Vertrag für mobile Datennutzung ausgeliefert und läutet die Ära des sogenannten *always online* sowie des kleinen Erweiterungsprogramms, der *App*, ein. Um die neuen Funktionalitäten für eine möglichst breite Nutzerschaft zugänglich zu machen,

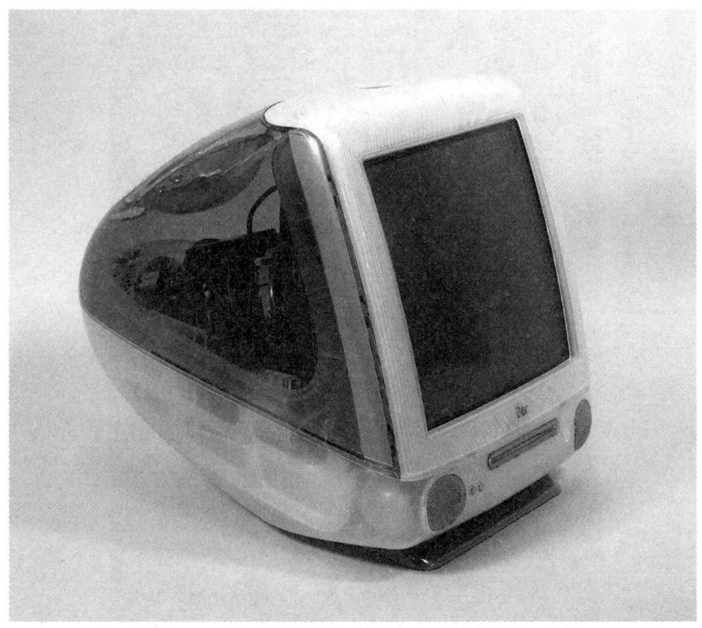

36 Apple: *iMac G3*, erstmals produziert 1998, hier in einer Ausführung aus dem Jahr 1999

greift Scott Forstall, als Designchef für das Betriebssystem *iOS* (Abb. 37) zuständig, auf ein Designprinzip namens Skeuomorphismus zurück. Hierbei imitiert man dreidimensionale, zum Teil historische, anachronistische Gegenstände aus der analogen Welt so detailgetreu wie möglich auf einer flachen Bildschirmanzeige und bildet sogar Materialeigenschaften ab, zum Beispiel die Oberflächenstruktur von Leder. Auf diese Weise breitet sich das Retro-Design im Bereich der digitalen Produkte aus.

So lässt sich auch das Design des beginnenden 21. Jahrhunderts nicht in pauschale Aussagen und Antworten fassen; es äußert sich vielfältig und bleibt ambivalent. Einerseits wird Purismus und formale Einfachheit betont, andererseits folgt man wieder einer expressiveren ästhetischen Richtung und über-

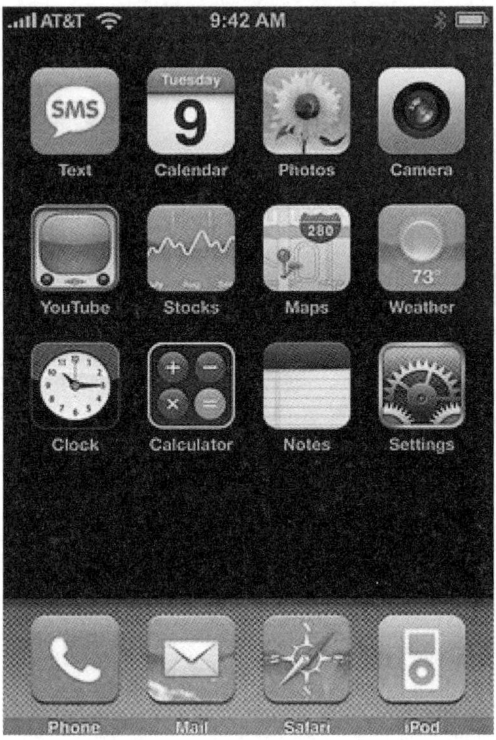

37 Apple: Betriebssystem *iOS* für das *iPhone*, 2007

häuft die Produktentwürfe geradezu mit Dekor. Befördert wird beides erneut von Fortschritten auf technischem Gebiet. Computergestützte Verfahren verändern nicht nur Designprozesse; sie erweitern zunehmend auch das Spektrum an Methoden zur Produktfertigung. Das Design macht sich diese zunutze und zelebriert die neuen technischen Möglichkeiten in einer regelrechten Ornamentierungslust. Dass hochpräzise Hightech-Verfahren wie das computergesteuerte Laserschneiden dazu eingesetzt werden, eine Ornamentik zu erschaffen, die ästhetisch auf Formen des Kunsthandwerklichen verweist und sich an historischen Stilformen orientiert, ist durchaus widersprüchlich.

Die Interieur-Vorschläge von Marcel Wanders zum Beispiel zeigen Applikationen von exzentrischen Produktdekoren und eine Rückkehr zu üppig daherkommendem «Einrichtungsbarock». Tord Boontje geht mit seinen Entwürfen noch weiter und löst die Objektform komplett in ein Konglomerat aus Ornamentkomponenten auf (Abb. 38). Die mit Laser in Metall und andere Materialien geschnittenen Formen sind so filigran, dass sie einer alltäglichen Nutzung kaum standzuhalten scheinen. Eher sollen die scherenschnittartig auftretenden Blüten, Blätter, Schmetterlinge und Fabelwesen den Raum in eine mystische Umgebung oder Märchenwelt verwandeln. Diese Idee erfreut sich unter Jugendstilgestaltern schon 100 Jahre zuvor großer Beliebtheit und mündet damals in ganz ähnliche Erscheinungen wie entsprechende Designentwürfe um das Jahr 2000.

Zu einer enormen Vielzahl von Experimenten und Zukunftsvisionen führen weitere Meilensteine der immer stärker ausdifferenzierten computerbasierten Fertigungstechnologien: *Rapid Prototyping* (RP), *3D-Printing* oder *Rapid Manufacturing* (RM). Solche Verfahren schneiden Formen nicht einfach aus Plattenmaterial oder Blöcken heraus, sondern bauen dreidimensionale Körper additiv, Schicht für Schicht auf. Sie erlauben erstmals, ineinander liegende Teile ohne Montagearbeiten aus einem Stück zu realisieren und Körper mit Hinterschnitten zu erzeugen, ohne auf Aspekte wie Entformbarkeit achten zu müssen. Das bedeutet: Durch das 3D-Drucken ist absolute Geometriefreiheit gegeben (Abb. 39). Allerdings eignen sich additive Fertigungstechnologien in ihrer frühen Phase meist nur für die Produktion von Einzelteilen oder Kleinserien, für die ein Spritzgusswerkzeug zu teuer wäre. Im Design setzt man RP-Methoden vor allem zu Modellbauzwecken während des Entwurfsprozesses ein.

Nach der Präsentation des Open-Source-3D-Desktop-Druckers *RepRap* (2007), dem ersten kostengünstigen 3D-Drucker der Welt, entsteht die Vorstellung, man könne bald in jedem Haushalt personalisierte Blumenvasen und individualisierte Lenkräder drucken. In Museen sind interaktive Installationen zu finden, mit denen Besucher zum Entwerfen eines Produkts

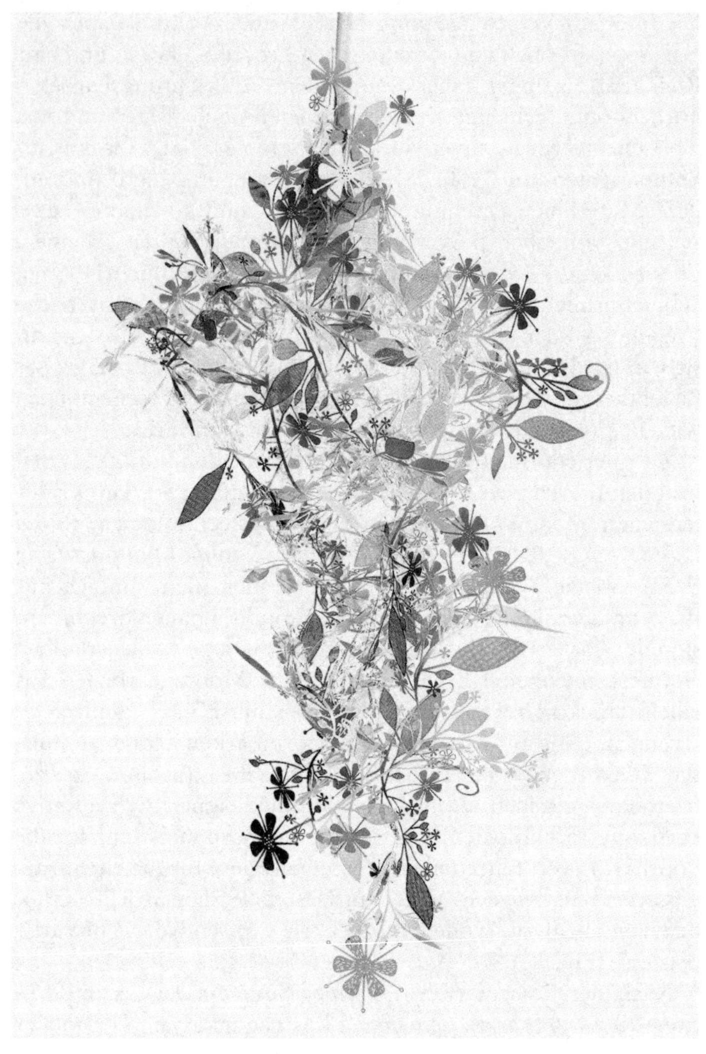

38 Tord Boontje: *Garland Light*, 2002

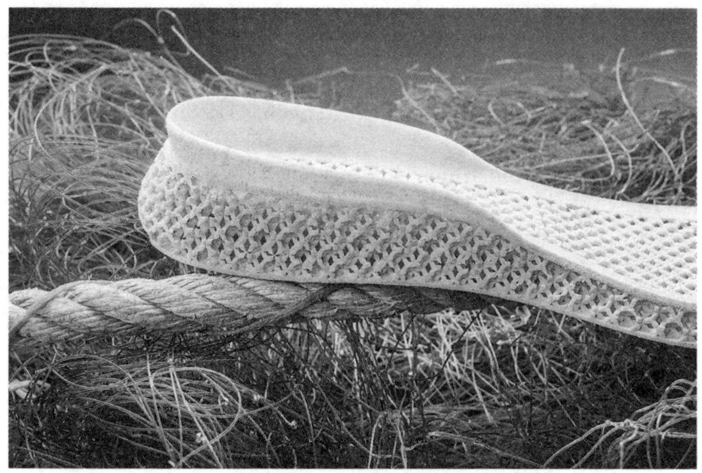

39 3D-gedruckte Schuhzwischensohle des Modells *x Parley* von Adidas, gefertigt aus recycelten Kunststoffen u. a. von Fischfangnetzen, vorgestellt 2015

animiert werden und einen Vorgeschmack auf die Zukunft des Selbstgestaltens und -produzierens erhalten sollen. Plattformen im Internet bieten von Designern vordefinierte 3D-Objekte an, die in einem bestimmten Variabilitätsrahmen am heimischen Computer von gestalterischen Laien verändert und als Datensatz zur Produktion an ein RP-Zentrum geschickt werden können. Angesichts solcher Vorstöße ist häufig von einem Wiedererwachen der dezentralen Produktfertigung und einer Auflösung der Industriekultur die Rede. Nichts davon tritt ein. Doch eine neue Bewegung erlangt öffentliche Aufmerksamkeit und Popularität. Ihre Angehörigen nennen sich *Maker*. Sie bündeln Interessen wie Hobby-Aktivität, handwerkliche Betätigung und Kleinunternehmerambitionen. Im Zusammenhang mit der *Maker*-Szene werden DIY-Zeitschriften herausgegeben, Designkonferenzen veranstaltet, RP-Apparate für den semi-professionellen Bedarf angeboten und in Ladenlokalbetrieben Nippsachen hergestellt, um sie auf Handmade-Messen oder auf E-Commerce-Märkten wie *Etsy* zu verkaufen.

Das Streben nach immer schnelleren und präziseren Produktionsverfahren durchzieht das gesamte Industriezeitalter. Unterdessen verstehen die Menschen immer weniger, wie die Fertigung ihrer Konsumgüter vonstattengeht. Die Finanzkrise von 2008 verstärkt das Gefühl der Unsicherheit und vergrößert die Angst vor den Folgen der Unkontrollierbarkeit komplexer Systeme. Es wächst der Drang nach Selbstermächtigung durch die Chance, Gegenstände des täglichen Bedarfs eigenständig zu fertigen. Im Verbund damit stehen die Sehnsucht nach der gemächlichen «guten alten Zeit» und der «heilen Welt» vor der Massenproduktion, ein zunehmendes Interesse an Umweltthemen, der Wunsch, ein vermeintlich einfaches, authentisches Leben auf dem Land zu führen, sowie die erneute Fokussierung auf das Handwerkliche. Vergangenheitsverklärung und Kulturpessimismus bilden den Nährboden für die Annahme, dass das von Hand Gemachte ein wesentlicher Teil der Lösung für die gesellschaftlichen, ökologischen und wirtschaftlichen Probleme des 21. Jahrhunderts sein könnte. Zu einem gewichtigen Anwachsen vorindustrieller Produktions- und Wirtschaftsformen führen die Einzelinitiativen auf diesem Gebiet aber nicht. Vielmehr gehen Produktdesigner – darunter auch Entwerfer von Lebensmittelverpackungen – auf die gesellschaftliche Stimmungslage ein und wenden die visuellen Codes der handwerklichen Ästhetik auf die Gestaltung von Industrieerzeugnissen an, indem sie etwa Handschriften, traditionelle Stempeltechniken oder die Struktur und Farbe von handgeschöpftem Papier imitieren. Ihr Ziel: Die Waren sollen mit volkstümlichen Ornamenten ausgestattet sein, bewusst grob und wie selbstgemacht aussehen, möglichst keine Maschinenpräzision zu erkennen geben, dafür kleine Fehler aufweisen, welche die Unzulänglichkeit der menschlichen Handarbeit simulieren.

Eine derartige Gestaltung ist jedoch nur im Bereich von niederkomplexen Erzeugnissen – beispielsweise solchen, die auch kunsthandwerklich herstellbar wären – vermarktbar. Im Hinblick auf elektronische Geräte würde eine grobe oder historisierende Artefakterscheinung einen Vertrauensverlust in die Funktionstüchtigkeit und Fortschrittlichkeit des Produkts hervorrufen. Die Generation der *Digital Natives*, die in einer Welt mit Computern und Internet aufgewachsen ist, nimmt durch ihren selbstverständlichen Umgang mit neuen Technologien zunehmend Einfluss auf den Markt. Bedienelemente grafischer Schnittstellen werden nicht mehr wie physische Schalter, sondern abstrakt und flach in Form von Kreisen oder als farbige Bereiche dargestellt. Vernetzte Apparate sind ständige Begleiter und bilden als «Nahkörpertechnologien» Erweiterungen des Selbst. Smartwatches, Fitnessarmbänder und kabellose *In-Ear*-Kopfhörer haben einen permanenten Kontakt zur Haut, machen Körperfunktionen und -aktivitäten sichtbar oder Informationen aus Datennetzen spürbar beziehungsweise mittels Assistenten hörbar. Das Design spiegelt dieses symbiotische Verhältnis wider: Die Form des Kontaktelements der kabelgebundenen *Earpods* (2012) sowie der *Airpods* (2016) von Apple stützt sich auf 3D-Scans von über tausend Ohrmuscheln.

Durch permanente Vernetzung und cloudbasierte Dienste befinden sich Objekte in einem Zustand der Auflösung, des dauernden Da-Seins und gleichzeitig in Veränderung. Der ehemals datenträgergebundene Musiktitel ist nicht mehr greifbar und fließt sozusagen rein virtuell von einer Playlist zu einem Kopfhörer, zu mobilen Lautsprechern oder einer stationären Anlage. Konsequenterweise wandelt sich die Entwurfspraxis des Designs von der Objekt- zu einer Prozessbetonung. Formen werden nun mit veränderbaren Parametern beschrieben und erst nach dem Verkauf kundenindividuell materialisiert. Funktionen und Bedienungsweisen lassen sich auch nach Auslieferung noch durch Softwareupdates verbessern oder sogar erweitern. Das digitale Spielen hat sich von den räumlich fixierten *Arcade*-Stationen in Spielhallen über Konsolen und Computerprogramme bis zu mobilen Spieleangeboten oder virtuellen Realitäten ausdifferenziert. Games erweitern das Feld audiovisueller Medien wie Film und Fernsehen durch Interaktivität und multilineare Erzählstränge. Sie bilden einen eigenständigen Kulturbereich mit spezifischen Ausdrucksformen. Die Praxis des Spielens gestattet mittlerweile ein umfassendes Eintauchen in Parallelwelten – eine Idee, die ausgehend vom Spiel *Second Life* spätestens seit 2003 auch im kommerziellen Bereich Begehrlichkeiten weckt.

Trotz der schönen neuen virtuellen Welten erinnern Klimakrise, Hunger, Armut, Seuchen, politische Spannungen sowie ein immer größerer Einfluss von selbstlernenden Systemen und Algorithmen (künstliche Intelligenz) die Disziplin Design an ihre Ursprünge: «Design bedeutet Entwerfen für den vernünftigen Gebrauch vor der Maßgabe der Menschenrechte. Design muss in seinem Wesen ein verantwortungsvoller Akt des zivilisatorischen und pazifistischen Bewusstseins sowie des bedingungslosen inklusiven Denkens und Handelns sein», so der Designer Frank Zebner in einem Positionspapier 2021. Für die positive Einflussnahme auf zwischenmenschliches Handeln mit Artefakten ist es – in den Worten des Designwissenschaftlers Jörg Petruschat – weiterhin nötig, «der Verankerung von Gewohnheiten in den Lebensbedingungen der Menschen» auf den Grund zu gehen und danach zu fragen, wie durch Produktgestaltung Verhaltensweisen hervorgebracht werden, um zu einer Souveränität bei der Bewältigung von Alltagsaufgaben zu befähigen. Dies zu verstehen, bleibt elementar, um in aktuellen und künftig zu erwartenden Momenten der Veränderung mit Produktdesign menschzentrierte Wirkkraft zu erzielen.

Literatur

Aicher, Otl: *die welt als entwurf*, Berlin 1991

Amt für industrielle Formgestaltung; Hirdina, Heinz (Hg.): *Neues Bauen, neues Gestalten. Das neue Frankfurt, die neue stadt. Eine Zeitschrift zwischen 1926 und 1933*, Dresden 1984

Braun-Feldweg, Wilhelm: *Normen und Formen industrieller Produktion*, Ravensburg 1954

Breuer, Gerda (Hg.): *Ästhetik der schönen Genügsamkeit oder «Arts and crafts» als Lebensform. Programmatische Texte*, Braunschweig/Wiesbaden 1998

Bürdek, Bernhard E.: *Design. Geschichte, Theorie und Praxis der Produktgestaltung*, 3. Auflage, Basel 2005

Edelmann, Klaus Thomas; Terstiege, Gerrit (Hg.): *Gestaltung denken. Grundlagentexte zu Design und Architektur*, Basel 2010

Engelmann, Peter (Hg.): *Postmoderne und Dekonstruktion. Texte französischer Philosophen der Gegenwart*, Stuttgart 1990

Erlhoff, Michael; Marshall, Tim (Hg.): *Wörterbuch Design*, Basel 2007

Fiedler, Jeannine; Feierabend, Peter (Hg.): *Bauhaus*, Potsdam 2013

Fischer, Volker (Hg.): *Design heute. Maßstäbe: Formgebung zwischen Industrie und Kunst-Stück*, München 1988

Fuller, Richard Buckminster: *Bedienungsanleitung für das Raumschiff Erde und andere Schriften*, Reinbek 1973

Giedion, Sigfried: *Die Herrschaft der Mechanisierung*, Frankfurt/M. 1982

Haug, Wolfgang Fritz: *Kritik der Warenästhetik*, 2. Auflage, Frankfurt/M. 1972

Hellige, Hans Dieter (Hg.): *Mensch-Computer-Interface. Zur Geschichte und Zukunft der Computerbedienung*, Bielefeld 2008

Hirdina, Heinz: *Figur und Grund. Entwurfshaltungen im Design von William Morris bis Buckminster Fuller*, hg. von Stiftung Bauhaus Dessau und Achim Trebeß, Leipzig 2020

Hitchcock, Henry Russell; Johnson, Philip: *Der internationale Stil 1932*, Braunschweig 1985

Höhne, Günter: *Die geteilte Form. Deutsch-deutsche Designaffären 1945–1989*, Köln 2009

Howard, Ebenezer: *To-Morrow. A Peaceful Path to Real Reform*, London 1898

Howard, Ebenezer: *Gartenstädte von morgen. Das Buch und seine Geschichte*, hg. von Julius Posener, Gütersloh 2015

Kemp, Wolfgang, *John Ruskin. Leben und Werk*, Frankfurt/M. 1987

Klemp, Klaus; Sellmann, Annika; Wagner K, Matthias; Weber, Grit: *Moderne am Main 1919–1933*, Stuttgart 2019

Kirsch, Hans-Christian: *William Morris. Ein Mann gegen die Zeit*, Köln 1983

Kunstmuseum Düsseldorf (Hg.): *Gefühlskollagen. Wohnen von Sinnen*, Köln 1986

Kurz, Melanie: *Handwerk oder Design. Zur Ästhetik des Handgemachten*, Paderborn 2015

Kurz, Melanie: *Designstreit. Exemplarische Kontroversen über Gestaltung,* Paderborn 2018
Kurz, Melanie; Schwer, Thilo (Hg.): *Designentscheidungen. Über Begründungen in Entwurfsprozessen.* Stuttgart 2021
Kurz, Melanie; Schwer, Thilo (Hg.): *Raster, Regeln, Ratio. Systematiken und Normungen im Design des 20. Jahrhunderts,* Stuttgart 2022
Lichtenstein, Claude; Museum für Gestaltung Zürich (Hg.): *Ferdinand Kramer. Der Charme des Systematischen*, Giessen 1991
Lindinger, Herbert: *Hochschule für Gestaltung Ulm. Die Moral der Gegenstände,* Berlin 1987
Loewy, Raymond: *Hässlichkeit verkauft sich schlecht.* Düsseldorf u.a 1953
Loos, Adolf: *Ornament und Verbrechen,* Wien 2012
Manske, Beate; Wilhelm Wagenfeld Stiftung (Hg.): *Wilhelm Wagenfeld (1900–1990)*, Ostfildern u.a. 2000
Meyer, Hannes: *Bauen und Gesellschaft. Schriften, Briefe, Projekte,* Dresden 1980
Morris, William: *Kunde von Nirgendwo.* Lich 2013
Morris, William: *Kunsthoffnungen und Kunstsorgen. Die niederen Künste,* Leipzig 1901
Papanek, Viktor: *Design for the Real World. Human Ecology and Social Change,* New York 1971
Papanek, Victor: *Design für die reale Welt. Anleitungen für eine humane Ökologie und sozialen Wandel*, Wien 2009.
Petruschat, Angelika; Hochschule für Gestaltung Ulm (Hg.): *HfG Ulm, Form + Zweck 20*, Berlin 2003
Pevsner, Nikolaus: *Wegbereiter moderner Formgebung von Morris bis Gropius,* Köln 1983
Posener, Julius: *Anfänge des Funktionalismus. Von Arts and Crafts zum Deutschen Werkbund,* Frankfurt/M. u.a. 1964
Radkau, Joachim: *Technik in Deutschland. Vom 18. Jahrhundert bis heute,* Frankfurt am Main 2008
Ruskin, John: *Steine von Venedig,* Dortmund 1994
Ruskin, John: *Die sieben Leuchter der Baukunst,* Leipzig 1900
Sato, Kazuko: *Alchimia. Italienisches Design der Gegenwart,* Berlin 1988
Schepers, Wolfgang; Badisches Landesmuseum Karlsruhe (Hg.): *Das Jahrhundert des Design. Geschichte und Zukunft der Dinge*, Frankfurt/M. 2000.
Schwer, Thilo: *Produktsprachen. Design zwischen Unikat und Industrieprodukt*, Bielefeld 2014
Schwer, Thilo; Vöckler, Kai (Hg.), *Der Offenbacher Ansatz. Zur Theorie der Produktsprache,* Bielefeld 2021
Selle, Gert: *Geschichte des Design in Deutschland*, Studienausgabe, Frankfurt/M. u.a. 1997
Sombart, Werner: *Der moderne Kapitalismus,* Leipzig 1902
Spitz, René: *hfg ulm. der blick hinter den vordergrund. die politische geschichte der hochschule für gestaltung 1953–1968,* Stuttgart 2002
Steffen, Dagmar (Hg.), *Design als Produktsprache. Der «Offenbacher Ansatz» in Theorie und Praxis*, Frankfurt/M. 2000

van de Velde, Henry: *Geschichte meines Lebens,* herausgegeben von Hans Curiel, München 1962
von Seckendorff, Eva: *Die Hochschule für Gestaltung in Ulm. Gründung (1949–1953) und Ära Max Bill (1953–1957),* Marburg 1989
Walker, John A.: *Designgeschichte. Perspektiven einer wissenschaftlichen Disziplin,* München 1992
Welsch, Wolfgang: *Unsere postmoderne Moderne,* 4. Auflage, Berlin 1993
Wichmann, Hans (Hg.): *System-Design Bahnbrecher. Hans Gugelot 1920–1965,* Basel/Boston 1987
Wick, Rainer K.: *Bauhaus. Kunstschule der Moderne. Das Standardwerk zu den grundlegenden pädagogischen Konzepten des Bauhauses,* Ostfildern-Ruit 2000
Wüllenkemper, Maria: *Richard Riemerschmid (1868–1957). «Nicht die Kunst schafft den Stil, das Leben schafft ihn»,* Regensburg 2009
Wünsche, Konrad: *Bauhaus. Versuche, das Leben zu ordnen,* Berlin 1989

Bildnachweis

Abb. 1: © Rheinisches Bildarchiv Köln, Marion Mennicken, rba_d031948_02
Abb. 2: The Art Journal illustrated catalogue: The industry of all nations 1851. London: Virtue, 1851, S. 281.
Abb. 3: Brockhaus' Konversations-Lexikon. Zwölfter Band, Morea – Perücke, 14. Auflage, Berlin, Wien, 1894, S. 154 f.
Abb. 4: Archiv Melanie Kurz
Abb. 5: bpk / Victoria and Albert Museum, London
Abb. 6: Ebenezer Howard (1850–1928), Public domain, via Wikimedia Commons, https://commons.wikimedia.org/wiki/File:Garden_City_Concept_by_Howard.jpg
Abb. 7: Bridgeman Images
Abb. 8: Los Angeles County Museum of Art, Public domain, via Wikimedia Commons, https://commons.wikimedia.org/wiki/File:Chair_LACMA_M.2009.115_(5_of_5).jpg
Abb. 9: © Bildarchiv Foto Marburg, Fotograf: unbekannt; Aufn.-Datum: 1901/1930 / © VG Bild-Kunst, Bonn 2022
Abb. 10: Friends of the American Wing Fund, 1966 / Metropolitan Museum of Art
Abb. 11: Hilliges, Marion (Hrsg.): Gestalten, produzieren, sammeln: Peter Behrens und die AEG im Archiv der Avantgarden, Heidelberg: arthistoricum.net, 2019, S. 44, Abb. 21.
Abb. 12: Dresdner Hausgerät, Preisbuch 1906, Dresdner Werkstätten für Handwerkskunst, S. 28. / © VG Bild-Kunst, Bonn 2022
Abb. 13: Bauhaus-Archiv Berlin
Abb. 14: Meyer: Stiftung Bauhaus Dessau / © (Meyer, Hannes) Erbengemeinschaft nach Hannes Meyer; Peterhans: Nachlass Walter Peterhans, Museum Folkwang, Essen; Bild: Bauhaus-Archiv Berlin

Abb. 15: Kunstsammlung und Archiv, Universität für angewandte Kunst Wien Inv. Nr. 50/9A/FW
Abb. 16: Universitätsbibliothek Heidelberg / Das neue Frankfurt: internationale Monatsschrift für die Probleme kultureller Neugestaltung / 1929, Heft 4, Beilage, S. ba / https://doi.org/10.11588/diglit.17291#0137
Abb. 17: Life Magazine, 16. März 1959, S. 53
Abb. 18: Foto: Museum für Gestaltung Zürich, Designsammlung, ZHdK
Abb. 19: Deutsches Design Museum / Sammlung Rat für Formgebung, Frankfurt am Main / Archiv Rosenthal GmbH
Abb. 20: Vitra Design Museum, Foto: Jürgen Hans; © Eames Office, LLC. All rights reserved
Abb. 21: © Vitra Design Museum, Foto: Jürgen Hans; Vitra Design Museum, Nachlass George Nelson
Abb. 22: Deutsches Design Museum / Sammlung Rat für Formgebung, Frankfurt am Main / WMF Werksaufnahme Karl Schuhmacher / © VG Bild-Kunst, Bonn 2022
Abb. 23: Deutsches Design Museum / Sammlung Rat für Formgebung, Frankfurt am Main / HfG-Archiv Ulm / Aribert Vahlenbreder / Foto: Wolfgang Siol
Abb. 24: Deutsches Design Museum / Sammlung Rat für Formgebung, Frankfurt am Main / HfG-Archiv Ulm / Thomás Maldonado / Foto: Roland Fürst
Abb. 25: Deutsches Design Museum / Sammlung Rat für Formgebung, Frankfurt am Main / Copyright Braun P&G / Braun Archiv Kronberg
Abb. 26: Sächsisches Staatsarchiv, Hauptstaatsarchiv Dresden, 11764 Deutsche Werkstätten Hellerau, F 5090 / Rudolf Horn / Foto: Friedrich Weimer
Abb. 27: © Rheinisches Bildarchiv Köln, Marion Mennicken, rba_d027963_01 / Arne Jacobsen / Fritz Hansen
Abb. 28: https://www.italianways.com/algol-an-absolute-prototype/
Abb. 29: Vitra Design Museum, Foto: Jürgen Hans
Abb. 30: Besitz: Die Neue Sammlung – The Design Museum, Foto: Die Neue Sammlung (A. Laurenzo)
Abb. 31: Archiv Jochen Gros
Abb. 32: Sato, Kazuko, *Alchimia. Italienisches Design der Gegenwart*, Berlin, 1988, S. 32, Abb. 45
Abb. 33: © Rheinisches Bildarchiv Köln, Marion Mennicken, rba_d032043_02 / © VG Bild-Kunst, Bonn 2022
Abb. 34: © Heiko Bartels / Harald Hullmann, Foto: Tom Jacobi
Abb. 35: Kunststoff-Museums-Verein (KMV) e. V., Foto: Artwork Total, Düsseldorf / Michael Sodeau
Abb. 36: Garland, designed by Tord Boontje, Foto: Studio Tord Boontje.
Abb. 37: Kunststoff-Museums-Verein (KMV) e. V. / LVR-Industriemuseum Oberhausen, Foto: Jürgen Hoffmann / Apple
Abb. 38: https://en.wikipedia.org/wiki/File:IPhone_OS_1_screenshot.jpg / Apple
Abb. 39: https://www.parley.tv/updates/adidasxparley / adidas

Leider war es in einzelnen Fällen nicht möglich, Rechteinhaber zu ermitteln. Der Verlag C.H.Beck ist bereit, berechtigte Ansprüche im üblichen Maße zu vergüten.

Personenregister

Kursive Seitenzahlen verweisen auf Abbildungen